VINCENZO NAPOLILLO

POETI
DIALETTALI DI CALABRIA

SANTELLI EDITORE

3

Poeti dialettali di Calabria
di Vincenzo Napolillo
prima edizione: Febbraio 2019
© *2019,* Santelli editore

Santelli editore
Viale Giacomo Mancini 236,
87100 Cosenza
0984.406939
info@santellieditore.it
www.santellieditore.it

GIUSEPPE DONATO (DUONNU PANTU)

Chi era *Duonnu Pantu*? Di certo è il soprannome di un sacerdote-poeta di Aprigliano. *Duonnu* è la voce dialettale di *Don*, che si premette come titolo onorifico al nome e cognome degli ecclesiastici; *Pantu* deriva il nome da *Panto* (*Pantheus* o *Pantous*), sacerdote di Apollo (Verg., *Aen.*, 2. 319), ossia del dio che inventò per suo eterno diletto la poesia, la musica, le arti, e che accolse le più svariate ipostasi nella sua multiforme personalità. È opinione scorretta e dura a morire che dietro il soprannome di *Duonnu Pantu* si celi il nome di Domenico Piro. Le prove documentarie incontrovertibili dimostrano, invece, che Duonnu Pantu non è identificabile con Domenico Piro, ma è il soprannome di *Giuseppe Donato*.

Una bella descrizione di Aprigliano,[1] paese di nascita di Duonnu Pantu, e del carattere degli abitanti fu fatta da Domenico Le Pera nella prefazione ai *Canti del Crati*, che è il fiume non lungi da Aprigliano segnalato dallo storico Eliano, dal geografo Strabone, dal tragediografo Euripide.

«Aprigliano è stata, in ogni tempo, terra feconda di filosofi, teologi, patrioti e specialmente poeti. I nostri popolani, anche analfabeti, sono improvvisatori facili e concettosi; sanno maneggiare il verso con la stessa maestria come sono abituati a servirsi dello strumento ordinario del loro mestiere.

Popolo insofferente del giogo feudale, non ebbe castelli, né baroni; ha dato patrioti e geni liberi; dal suo ameno colle non esce che poesia ispirata e verso limpido come le chiare e fresche onde del Crati che vi sorge».[2]

Il grande abbaglio del medico Luigi Gallucci, che si atteggiò a poeta e quel che è peggio anche a critico letterario, fu di avere identificato Domenico Piro con l'autore della *Cazzeide* e della *Cunneide*, due piacevolissimi poemetti dialettali, dove il sesso è cantato come strumento ludico e soprattutto come esplicita opposizione al corrotto e misero ambiente paesano in cui i cosidetti *gapulieri* si riunivano per comporre e recitare canti erotici e carnevaleschi.

Le cose stanno diversamente da come le immaginò Gallucci. Questi trovò in un manoscritto di poesia la firma apposta con le lettere D. P. e lesse avventatamente e per esteso: *Domenico Piro,* mentre D. P. erano le lettere iniziali di **Duonnu Pantu**, che con certezza è il nomignolo del poeta Giuseppe Donato, sacerdote e confessore, cugino di Domenico Piro per parte di madre. L'equivoco di Luigi Gallucci ebbe conseguenze deleterie che, purtroppo, si sono perpetuate fino ai nostri giorni.[3]

All'imperdonabile errore commesso da Luigi Gallucci si aggiunse quello di credere che Gabriele Barrio avesse scritto, nel Cinquecento, epoca del Rinascimento, intorno al poeta Don Giuseppe Donato, nato in Aprigliano il 17 aprile 1669 e morto nel 1741, all'età di 72 anni, come si ricava sia dalle ricerche genealogiche pubblicate da Francesco Quattromani nel libro *Duonnu Pantu e il suo tempo*,[4] sia dagli studi storici di Luigi Costanzo su *Aprigliano tra Muse e Briganti*.[5] Il critico letterario Antonio Piromalli si pose delle domande: «Poteva Gabriele Barrio parlare di Duonu Pantu se tra gli scritti dei due intercorreva la differenza di un secolo? Ma perché quella lapide così laudativa di Domenico Piro?». La lettera del Piromalli, speditami da Roma il 1° marzo 1995, recita:

Caro Professore,
ho avuto la Sua lettera. Sto un po' meglio e sto ultimando di scrivere la "Letteratura calabrese" per una nuova edizione. Il problema dell'identificazione di Duonnu Pantu è interessante, non è il mio perché ormai in primo piano è il problema del testo (ma anche il problema del testo è <u>legato all'identificazione</u> e non sono convinto dell'attribuzione a Duonnu Pantu ora di un testo ora di un altro; intanto come si fa a parlare di testo critico a proposito delle poesie che si pubblicano?). Le leggende rendono tutto più difficoltoso.
La data di morte del Barrio qual è? Poteva conoscere il poeta?
Per la questione con il Sanfelice va bene ciò che Lei dice. Anche il motivo della paura dell'Inquisizione è convincente; ricordarsi degli attanagliamenti a Cosenza nel Seicento. Ma perché la lapide così laudativa per Piro?
La pagina autografa trovata dalla Naccarato di chi è con certezza? Lei studi tutto a fondo e con essenzialità; non dia ad altri gli elementi di studio come ha fatto a me perché potreb-

bero portarLe via ciò che sta facendo; ma sia rigorosissimo.
Le mando due bandi di concorso per poterli diffondere, anche
con la stampa. Con carissimi auguri

Antonio Piromalli

Le domande fatte dal prof. Antonio Piromalli hanno trovato risposta nel mio libro: *Poesie erotiche calabresi: la Cazzeide e la Cunneide. I versi dialettali "proibiti" di Duonnu Pantu,* con pregevole nota critica dell'editore catanzarese Massimo Tigani Sava.[6]

Analizzando i testi di Duonnu Pantu il prof. Antonio Piromalli trovava che il poeta apriglianese

«ebbe ingegno vivacissimo ed è l'archetipo della licenziosità dialettale calabrese. Dietro il poeta dialettale è un mondo paesano che si libera con la facezia (il poeta appartiene a una brigata anche parentale di uomini colti che motteggiavano con estro) e con il tema fallico dal peso dell'autorità, dei condizionamenti culturali (...). Con lui il mondo dialettale si apre al riso, i suoi versi con la loro corposità e veemenza orgiastica erano l'affermazione delle forze della natura (...). Il gruppo dei poeti dialettali di Aprigliano si oppone implicitamente al ruolo aristocratico dell'intellettuale-guida protetto dal potere, manifesta lo sbocco delle contraddizioni oggettive dell'intellettuale meridionale, dei borghi e delle campagne».[7]

Nella riedizione della *Letteratura calabrese* (Cosenza, Luigi Pellegrini Editore, 1996), in due volumi, Antonio Piromalli affermava, mantenendo purtroppo l'ormai superata identità Piro-Pantu, che il dialetto di Duonnu Pantu «è feroce, non ha grazia, vuole produrre provocazione e scandali nei lettori della classi superiori», ed è rivelatore del coraggio di porsi originalmente i problemi culturali e «di guardare la realtà». Piromalli ribadiva che i poemetti di Duonnu Pantu erano letti all'interno del mondo popolare in cui l'interdizione è ridotta, *non suscitano scandalo*».[8]

L'importanza di Duonnu Pantu e della sua poesia dialettale nella storia letteraria fu riconosciuta da Francesco Saverio Salfi in un suo articolo giornalistico:

«È forza confessare che se vuoi *regolarità* di condotta, evidenza d'immagini, vigore d'espressione ed uso ingegnoso di tutti i pregi del nostro dialetto, e tutto quello che insomma costituisce le doti di sovrana poesia, devi rivolgerti al canto di Pantu».[9]

A questo punto proposito si deve obiettare che Domenico Piro, il presunto Duonnu Pantu, non era all'altezza di tale lusinghiero giudizio critico. Domenico Piro, nella sua breve vita (nacque nel 1661 e morì a 35 anni d'età), ebbe appena modo di apprendere dalla filosofia la precarietà delle cose umane. La lapide dettata dal fratello Isidoro, nella chiesa di Santo Stefano di Aprigliano, sita nell'omonima frazione, in ricorrenza del Giubileo del 1700, attesta:

D. O. M

SUSPICE VIATOR ET INSPICE

MORTIS MORSUS DUM VITA FUERIT

DOMINICUS PIRO LUDOVICI FILIUS

OLIM EX CATTEDRA

IAM SUPULCRO DOCET

BREVES DIES DOMINIS ESSE

SEPTENNIS (PROH DOLOR!) VIX TACTIS

LUSTRIS

OMNIGENAE SCIENTIAE PERITIA ILLUSTRIOR

LUCIS USURAM AMISIT

ANNO DOMINICAE INCARNATIONIS

MDCXCVI

DISCAT VIVUS A MORTUO

NAM SCHOLA VITAE MORS EST

ISIDORUS EIUSDEM FRATER NATU MINOR

PROFESSIONE MINIMUS, NON SINE LACRIMIS

ANNO JUBILEI

MDCC

F. F.

[Trad.: «A Dio ottimo massimo. Guarda, o pellegrino, e considera il morso della morte. Domenico Piro, figlio di Ludovico, mentre era in vita prima dalla cattedra, ora dal sepolcro ammonisce che brevi sono i giorni dell'uomo. Appena (oh dolore!) compì sette lustri, reso più illustre dalla perizia in ogni genere di conoscenza, perdette la facoltà di fruire della luce nell'anno dell'incarnazione del Signore

10

1696. Il vivo apprenda dal morto: difatti la morte è scuola di vita. Isidoro, suo fratello più piccolo (per età), di professione Minimo, non senza lacrime fece fare nell'anno del Giubileo 1700»].

La lapide marmorea di colore nero segnala che Domenico Piro aveva appreso dalla filosofia, scienza di tutte le cose, che la vita è breve; ma essa non attesta che Domenico Piro fu *sacerdote*, *poeta* e *accademico*, come lo fu Giuseppe Donato, e perciò l'identificazione Piro-Pantu cessa *definitivamente*.

È noto che nella schiera degli illustri apriglianesi operò Pirro Schettini di Petrone, frazione di Aprigliano, nato nel 1630 e laureatosi a Napoli (1651), dove conobbe e frequentò il letterato Giambattista Manso, autore della prima biografia del Tasso e fondatore dell'Accademia degli Oziosi, il giurista Francesco D'Andrea, il medico Leonardo di Capua nato a Bagnoli Irpino (1617), che come scienziato fu seguace del metodo sperimentale di Galileo Galilei, il filosofo Gregorio Caloprese di Scalea, il filosofo e matematico Tommaso Cornelio di Rovito, che introsusse nel Regno di Napoli la lettura delle opere di Gassendi, Bacone, Hobbes, Cartesio e combatté l'aristotelismo, il filosofo Marco Aurelio Cosentino. Proclamato principe dell'*Accademia dei Costanti* nel 1680, Schettino chiese a gran voce la reazione al marinismo e, come affermò Benedetto Croce, fu «verseggiatore robusto ed elegante». Morì a Cosenza nel 1678.

Carlo Cosentino, di cui Silvana Naccarato ha scoperto l'atto di morte (21 febbraio 1758), tradusse in dialetto apriglianese *La Gerusalemme Liberata di Torquato Tasso* il 22 dicembre 1737. Per Antonio Piromalli essa «ci tramanda il bellissimo dialetto apriglianese nelle sue evoluzioni amplificate ma rimane un esercizio; la creazione del Tasso è altra cosa». Ristampata nel 1870, in appendice al periodico *Il Crati* di Cosenza, la trasposizione fatta dal Cusentino in vernacolo apriglianese assurse «sopra tutte le altre e non poche versioni, che si fecero del poema del Tasso», come assicurò Luigi Accattatis in appendice del *Vocabolario del dialetto calabrese*.

Muzio Caselli fu Principe dell'Accademia dei Costanti dal 1699 al 1719. Nel suo prestigioso incarico mirò a riportare all'antico splendore l'*Accademia Parrasiana*, fondata in Cosenza da Aulo Giano Parrasio in nove mesi (agosto 1511-aprile 1512), senza leggi e senza statuti, sull'esempio delle Accademie di Firenze, Napoli, Roma.

Salvatore Spiriti assicurò, nelle *Memorie degli Scrittori Cosentini*, che Muzio Caselli tenne in casa sua frequenti adunanze letterarie «rincuorando con tutti i mezzi i buoni ingegni a coltivare le belle arti e sovvenendo ai bisogni di taluno coll'aiuto dei libri necessari all'acquisto di quelle, e riducendosi, per dar loro esempio, ad apprendere ormai vecchio greche lettere dal dottissimo Simone d'Alessandro capitato a caso in Cosenza».[10]

Altri contemporanei ed estimatori di Duonnu Pantu, vale a dire di Giuseppe Donato, furono: Tommaso Aceti, che fece le *Aggiunte e note al Barrio*,[11] e il carmelitano Elia D'Amato di Montalto.[12]

Tommaso Aceti, nato a Figline, un paese vicino ad Aprigliano, il 29 ottobre 1687 (cioè nove anni prima della morte di Domenico Piro), dal 1744 fu vescovo di Cedogna (ora Lacedonia), ove morì il 10 aprile 1748. Fu Tommaso Aceti ad annotare e a testimoniare nel volume di Gabriele Barrio, che appartiene al secolo XVI, che il famoso poeta Duonnu Pantu era il suo amico *Giuseppe Donato*:

> *Nostris autem temporibus Carolus Mutus, Francisci de quo supra obnepos, eruditione clarissimus; amicus noster, Joseph Donatus, alias Panto, poëta celeber.*
>
> [Trad.: «Ai nostri tempi fioriscono dunque Carlo Muti, nipote del suddetto Francesco, chiarissimo per erudizione, e il nostro amico Giuseppe Donato, alias Panto, poeta celebre»].

Elia D'Amato rilasciò una testimonianza altrettanto perentoria:

> *Ex eo fuere Joseph Donato, alias Panto, Musa in suis Poëmatibus amoena,*
> *et Isidorus Piro, frater ordinis minimorum B. Francisci de Paola.*
>
> [Trad.: «Di questo luogo (Aprigliano) furono Giuseppe Donato, alias Pantu, dalla Musa amena nei

suoi Poemetti, e Isidoro Piro, frate dell'Ordine dei Minimi di San Francesco di Paola»].

È evidente, quindi, che Don Giuseppe Donato prese il nome di Panto dalla mitologia e firmò le sue opere con lo pseudonimo *Duonnu Pantu* (D. P.) per sottrarsi alla commissione inquirente e per non far mettere all'Indice i suoi scritti.

Luigi Gallucci raccontò che un giorno il poeta napoletano Nicolò Capasso (Grumo Nevano 1671- Napoli 1745) che faceva «versi a lu volu», recatosi a Cosenza per un certame letterario, lanciò il guanto di sfida ai soci dell'Accademia Cosentina dei Costanti. Duonnu Pantu raccolse la sfida e si aggiudicò la vittoria improvvisando il sonetto *Jisti de Pinnu.* L'epoca della suddetta tenzone e qualche consiglio dato da Giuseppe Donato-Pantu a Carlo Cosentino per la traduzione dialettale della *Gerusalemme Liberata* escludono con certezza il coinvolgimento negli avvenimenti di Domenico Piro, che già dal 1696 riposava in pace nella chiesa di Santo Stefano.

Gianfranco Abate, pur di sostenere la falsa identificazione Piro-Pantu, osserva che nel sesto verso della prima stanza della *'Mbriga (chi triemi Gnaziu, Peppe, Carru e Pantu)* manca il quarto uomo: *Domenico Piro.* E così Abate si prende la briga di aggiungere ai quattro nomi quello di Piro dicendo che «sarebbe ben strano che se Giuseppe (Donato) o altri fosse Pantu, egli venisse indicato nel medesimo verso per due volte, l'una con il nome di battesimo l'altro con lo

pseudonimo, come due persone ben distinte e separate!».[13]
Ma se Gianfranco Abate non si lasciasse trasportare da sofismi, anacronismi e becera polemica, troverebbe scritti, nella novella in ottave *Lu Gattu*, i nomi dei quattro «gapulieri» fra i quali compare due volte il nome di *Peppe* che si riferisce a due persone diverse: *Peppe* Quattromani e *Peppe* Donato.

Mario Mandalari assicurò che Duonnu Pantu fu

«il più originale, il più fresco, il più affascinante fra i poeti dialettali del Mezzogiorno».[14]

Nell'*Antologia della letteratura calabrese*, Antonio Piromalli e Carmine Chiodo asseriscono che con Duonnu Pantu il dialetto

«fa una delle prove più alte per ricchezza d'immagine, incisività psicologia, assume punte facete, satiriche, polemizzando con la letteratura colta, dogmatica, vecchia nei suoi contenuti. Il prete di Aprigliano (…) ha dato alla poesia originalità e freschezza, volgendo al riso una condizione tragica, qual era quella, ad esempio, dell'impietosa Inquisizione calabrese, specificatamente cosentina».[15]

Pasquale Tuscano concorda con loro affermando che Duonnu Pantu impiegò il dialetto apriglianese come strumento linguistico squisitamente antiletterario e di puntuale contestazione alla degenerazione culturale e alle pressioni politiche e giudiziarie. I contenuti nuovi e inusitati veicolati dai suoi poemetti vanno apprezzati nel loro valore storico, non meno che in quello estetico, e letti rettamente, con pazienza e rigore, con buon gusto e senza tentazione sessuofobica, poiché segnano una decisiva svolta nella cognizione della cultura come realtà appartenente all'umanità intera, a ogni uomo, non più a un'*élite* privilegiata.[16]

Ci fu colui che considerò finanche un «enigma» l'attribuzione delle «operette» di Duonnu Pantu, che secondo la sua opinione era stato un «erotomane» e «pornografico».[17] Tutto ciò era pura illazione, poiché il poeta apriglianese, al contrario, rimase legato alla scrittura di cose mondane e piccanti soltanto in superficie; al fondo della sua personalità c'erano i richiami a intemerati costumi e a una serietà irreprensibile.

Stando alla recente teoria dell'etnologo francese Claude Lévi Strauss, che pose l'accento sulle *mytologies*, si ricava che il poeta apriglianese Duonnu Pantu con la sua *smoderatezza* verbale si opponeva ai *tabù sessuali*, che fondavano culturalmente la società in cui egli viveva.

Duonnu Pantu, in seno all'Accademia dei Costanti, rappresentava il sacerdote-poeta che si muoveva, prendendo coscienza della decadenza dei costumi e dei valori umani, nel solco della tradizione classicheggiante. La sua poetica si accostava a Vico, concependo le «favole dei poeti» come «vere narrazioni».

Oscar Lucente bocciò ogni irriverente insinuazione o calunnia:

«Duonnu Pantu non fu corruttore, perché non fu corrotto. Se mai corrotti e quindi corruttori furono, sono e saranno coloro i quali si sono avvicinati, si avvicinano o si avvicineranno alla sua poesia con il proposito immorale di trovare in essa una sorta di paradiso artificiale per il loro sfrenato desiderio di piaceri carnali o - peggio - con il farisaico atteggiamento dei Senocrati».[18]

Ben detto. Gennaro Sanfelice, arcivescovo di Cosenza, nella sua visita pastorale ad Aprigliano (1684), riscontrò che vi regnavano silenzio e obbedienza. Egli chiuse gli occhi il 19 febbraio 1694 e fu sepolto nella cattedrale di Cosenza. Ma l'arcivescovo Andrea Brancaccio, negli Atti Sinodali del 1707 sulla vita e sull'onestà dei chierici, dovette proibire di assistere «alle commedie in pubblico, ai cori e alle recite teatrali»,[19] poiché ogni forza ideale e la solenne bellezza delle verità evangeliche si stavano perdendo.
Socio dell'Accademia Cosentina, dove la mitologia era gratissimo e nobilissimo argomento di poetare, Giuseppe Donato, nato alle pendici della Sila, scelse l'appellativo di *Silvano*, divinità delle selve e della natura selvaggia, per affermare il ritorno alla natura silana e al moralismo di derivazione classica e tradizionale e per combattere la mollezza e le inibizioni con un'arte iniziatrice e rivelatrice del vero. In un *Mumuriale* Pantu lasciò scritto:

Lu sacerduotu Duonnu Crapriuolu

O come tuti vuolu, Crapiune

Divutamente espune lu desire,

Chi ha de si nne jire ad Apriglianu:
No ppe fine prufanu, ma divinu;
Ppe jire lu matinu allu Casale,
Lèjiere lu Missale chi sulìa,
E servire a Maria cuomu cummene.

Giuseppe Donato, nella sua natura ebbe un istintivo bisogno di raccoglimento, di quiete, di preghiera, che con grande devozione rivolgeva alla Vergine Maria, che finché stette
sulla terra non provò una «tanticchiella» di amplesso carnale.

Nel poemetto *La Cunneide*, formato di 48 strofe, Duonnu
Pantu veste i panni del contadino con le calandrelle ai piedi
al posto delle scarpe:

A mie nu giaccu de lana crapina
M'è na gran clame, nu paludamientu,
E me pare nu granne adurnamientu
Jire 'n purcina.

Duonnu Pantu era un prete che aveva giurato di osservare
il celibato, ma amareggiato nella sua vecchiaia (*A mia me
dola ca me truovu viecchiu / E ne vurrìa mintere lu cacchiu*),
invitava i giovani a fare l'amore e a piantare corna dapper-
tutto.

Tuttavia per lui la *sessualità* non era un'attrazione morbosa
e peccaminosa, ma era passione umana, fonte di curiosità e
di diletto, riproduzione e forte legame interpersonale.

Duonnu Pantu, però, non può essere considerato anticipatore delle teorie freudiane né un ammalato di «satiriasi», poiché fu cantore di vita sana e rispettoso in poesia delle regole codificate dai classici, arricchite dall'uso della mitologia.

L'incipit del poemetto *La Cazzeide*, formato di 21 ottave, è un'anacronistica ripresa del vecchio sogno della bella età dell'oro e del gusto dell'esistenza tranquilla, domestica, morigerata:

> Era nu tiempu chi li furracchiuni
> Stàvanu 'nzeme ccu le furracchiole,
> Jianu cugliennu ppe chilli timpuni
> Mazzi de rose e mazzi de viole,
> De suli a suli ppe chilli cavuni
> Trippiannu e faciennu crapiole.

Il rimpianto di una vita ingenua, senza malizia né gelosia, accentua il contrasto con la noncuranza (*squitanza*) dei valori antichi e con la sregolatezza dei costumi del tempo presente. Duonnu Pantu oppone ai vizi ricorrenti nel secolo di «puttanieri e sifilitici», la ricerca del piacere e del bello, vale a dire la dimensione umana dell'eros e la poesia dove si proiettano, sullo schermo classicheggiante, le perplessità e le stanchezze di un aedo invecchiato. depresso e bisognoso di affetto.

Nella *Cazzeide* egli spiega che Venere, la bella dea, diede l'*erotomania* per castigo alla donne, e indica come vivere liberamente, con decoro e senza sottomissione, lottando in modo disinibito contro i complessi e contro qualsiasi forma di violenza e di oppressione. Nel poemetto *La Cunneide*, il cui titolo deriva dal latino *cunnus* (organo sessuale femminile), Duonnu Pantu riprende con la libertà di espressione a legare insieme carnalità e idealità, sesso e mito, scherzo e protesta, verità e fandonie. Egli proclama che mentre tutti i "cappellazzi" (fra questi forse i Gesuiti che si chiamavano "cappellini") correvano a Roma per traffici loschi o per chiedere l'immunità (come, ad esempio, fece nel 1669 D. Antonio Quattromani, che visse per due anni nascosto in un convento di monache), egli se ne stava in paese a trascorrere il tempo nel più bello dei modi, celebrando la Messa, divertendosi e cantando storie "proibite" con versi simili allo stridulo e irritante canto della civetta di Carpanzano, antico casale di Cosenza.

> Vajinu tutti a Roma a rumpicuollu
> Viersu sti cappellazzi culurati,
> Currùlìjini tutte ste citàti
> Cuomu nu ruollu.
> Io mi la cugliunìju ad Apriglianu
> Cuntannu nu pallune e na minzògna
> E cantu cuomu fa la zagarogna
> A Carpanzanu.

Duonnu Pantu non intendeva fare l'apologia della lussuria, ma dare testimonianza della fragilità dell'uomo che si lascia trasportare dai sensi, e diceva con ironia di voler emulare il re Sardanapalo, ricchissimo, effeminato, disposto a ogni piacere, o di dare la caccia in silenzio, come il nibbio, alle donne belle e brutte, grasse e magre, maritate e schiette, di qualsiasi religione (calvinista, luterana, ebrea) e inseguire la preda, come fa il gatto, *per tiempu situ e luoco*.

La superstizione, lo sberleffo, la magia, il mito, gli *idola antiquorum* ancora parlano nella *Cunneide*, dove Duonnu Pantu guarda soprattutto al mito teogonico per ritrarre: Simone Maccabeo mentre spiava la bagnante con le vesti sollevate; Giove che si trasformò in toro per farsi leccare da Europa; Marte che fu sorpreso nel letto del piacere e messo in prigione; Paride che rapì Elena scatenando la guerra di Troia "ppe chilla fissa"; Orfeo che si avventurò negli Inferi per riavere Euridice.

Il bisogno di fuggire le pene del mondo e il desiderio di sentirsi partecipe e protagonista di universali sentimenti morali, politici e umani, condussero Duonnu Pantu alla lotta serrata contro i «filosofanti platonici»: *Sunu palluni, favule e bugie / Li Senuocrati casti e cuntinienti, / Chiste cose le dicû li 'mputienti / Sû 'ppocrisìe*.

Versato nelle lettere classiche, Giuseppe Donato dedicò a Fabrizio Castiglione Morelli, autore dell'opera *De Patricia Consentina Nobilitate* (Venezia, 1713), l'*Hexasticon*, in cui paragona la grandezza di Cosenza a quella di Roma, ambedue chiuse da sette colli, come prima di lui avevano osato scrivere Bernardino Bombini in *Commentaria Bruttiorum Antiquitatum* e Sertorio Quattromani nell'inedita *Historia della città di Cosenza*. Il carme *Hexasticon* (di sei versi) fu inserito nella *Raccolta* dei componimenti degli Accademici dei Costanti, pubblicata a Firenze nel 1715.

REV. D.
JOSEPH DONATI
SACERDOTIS CONF.

Altis, quae septem clauduntur collibus urbes,
    Quas grates possunt solvere Fabriciis?
Clarior alterius calamo Consentia vivit,
    Roma fuit gladio tutior alterius.
Et cum armis praestet scriptum, plus debet utra
    Majus uter jactet quis dubitat opus.

Giuseppe Donato celebrò anche la bellezza e le virtù della contessa d'Althan, rapita dalle dee mentre dormiva per andare ad abitare il cielo:

Invida Mors audax, immitis, barbara, dira
    Anna etiam potuit falce perire tua!
Non te flexerunt mirae praeconia formae,
    Et pulcro Virtus, quae magis ore nitet?
Romani, ac Sacri fulgor non muricis, Alti
    Nec generis splendor continuere manus?
Ingens nec tandem valuit terrere potestas,
    Et favor Austriacus? Caesar at ipse dolet.
Sed quo me dicunt magni tormenta doloris,
    Haud tua Mors culpa est, Anna perennis erat.
Sopita rapuere Deae, celoque locarunt,

Et quam non studuit terra tenere, colat.

Altrettanto fece Ignazio Donato, fratello di Giuseppe Donato-Pantu, che in un sonetto caudato deplorava la decadenza di Aprigliano, che da «teatro adorno di virtù» era diventata dimora «di lupi e serpenti», e tuttavia sperava che essa ritornasse a menar vanto degli antichi fasti:

> Questi bei lochi d'Apriglian ridenti
> Che fur pria di virtù teatro adorno
> Or son ridotti a dar stanza e soggiorno
> A fieri lupi ed orridi serpenti…
> Pur, se il consente il Ciel, per voi si spera,
> O chiari spirti, in cui fid'io cotanto,
> Che un dì ritorni alla maestà primiera;
> E che ottenga per voi sublime vanto,
> E nobil grido, e fama eterna e vera
> Più di Smirne d'Atene, e d'Argo, e Manto.

Il sacerdote Ignazio Donato fu soprannominato Palèmone, dio marino, e pubblicò le *Institutiones Imperiales* (1726) formate da *incompostos versus* («versi mal fatti»)
Umberto Bosco dichiarò che in Calabria «tutti ricordano l'osceno ma vivace Duonnu Pantu, ma pochi lo leggono».[20]
In verità, Giuseppe Donato - soprannominato Duonnu Pantu - scrisse versi faceti e piacevoli, che non vanno letti con la lente dell'*osceno in giallo* e della *dissolutezza* (come purtroppo si continua a fare), poiché il prete di Aprigliano

vagheggiava sani costumi ed era convinto che mai bisogna stancarsi di amare. Volere trasformarlo in un volgare «libertino» a capo di un'accolita di gapulieri o ganzi è svilire a riprovevole e peccaminoso diletto il suo linguaggio dialettale e il suo realismo poetico, ricco d'immaginazione e di gaia ironia, di una rete di simboli e miti collettivi e individuali.

NOTE

1. G. VALENTE, *Dizionario dei luoghi di Calabria,* Chiaravalle Centrale, Frama Sud, 1973.

2. S. RAGUSA, *Canti del Crati*, Cosenza, Tip. Casciaro, 1913.

3. DUONNU PANTU, *Poesie calabre con prefazione di Luigi Gallucci*, Cosenza Edizioni Brenner, 1983.

4. F. QUATTROMANI, *Duonnu Pantu e il suo tempo*, Cosenza, Edizioni Orizzonti Meridionali, 2003.

5. L. COSTANZO, *Aprigliano tra Muse e Briganti*, Cosenza, Edizioni Orizzonti Meridionali, 2011.

6. V. NAPOLILLO, *Poesie erotiche calabresi: la Cazzeide e la Cunneide. I versi dialettali "proibiti" di Duonnu Pantu*, Catanzaro Lido, C. B. C. Edizione, 1999.

7. A. PIROMALLI, *Storia della letteratura italiana*, Cassino, Editrice Garigliano, 1987.

8. A. PIROMALLI, *Storia della letteratura calabrese*, Cosenza, Luigi Pellegrini Editore, 1996.

9. F. S. SALFI, *Domenico Piro*, in «Calabrese», 1842, n. 4.

10. S. SPIRITI, *Memorie degli Scrittori Cosentini*, Napoli, Stamperia de' Muzj, 1750.

11. G. BARRII, *De antiquitate et situ Calabriae. Libri quinque*, Romae, apud Iosephum de Angelis, 1571. IDEM, *De antiquitate et situ Calabriae. Libri quinque,, cum animadversionibus* Sertorii Quattrimani *nec non prolegomenis, additionibus et notis* THOMAE ACETI, Roma, Mainardi, 1737. G. BARRIO, *Antichità e luoghi della Calabria*, trad. it. e

note introduttive di Erasmo Mancuso, Cosenza, Brenner, 1979.

12. E. D'AMATO, *Pantopologia Calabra*, Napoli, Mosca, 1725.

13. G. ABATE, *I gapulieri*, Cosenza, Edizioni Orizzonti Meridionali, 1998, con un saggio introduttivo di F. Walter Lupi.

14. M. MANDALARI, *Aneddoti di storia, bibliografia e critica*, Catania, Galati, 1895.

15. A. PIROMALLI - C. CHIODO, *Antologia della letteratura calabrese*, Cosenza, Luigi Pellegrini Editore, 2000.

16. P. TUSCANO, *Calabria. Letteratura delle regioni d'Italia. Storia e testi*, Brescia, la Scuola, 1986.

17. G. PALANGE, *L'enigma del gran "vastaso"*, in *Duonnu Pantu: il Mito*, Edizioni Orizzonti Meridionali, 1996, a cura di Gaetano Marchese e Francesco Quattromani.

18. O. LUCENTE, *Domenico Piro alias "Duonnu Pantu"*, Cosenza, Fasano Editore, 1982.

19. V. NAPOLILLO, *Storia di Cosenza da luogo fatale a città d'arte*, Celico, Falco Editore, 2006.

20. U. BOSCO, *Pagine calabresi*, Reggio Calabria, Parallelo 38, 1975.

VINCENZO GALLO SATIRICO E CHITARRISTA

Dopo gli accurati studi di Vincenzo Julia, Eugenio Serravalle, Leonardo Falbo, Ferdinando Perri, si può esprimere un
giudizio ragionato sull'opera del poeta dialettale Vincenzo
Gallo detto il «chitarraro», di cui Leonardo Falbo riprodu-
ce, nella pubblicazione della *Scola Cavajola*, l'atto di nascita
e quello di morte (Rogliano, 28 aprile 1811- 28 luglio 1865).
Figlio del liutaio e chitarrista Giovanni Battista (1790-
1845), domiciliante nella strada Capo la Rota, e della filatri-
ce Serafina Mazzei, della contrada Cuti, Pietro Vincenzo
Gallo visse povero e morì possidente riscotendo, come il
pittore Salvator Rosa, successo popolare, sia per l'istinto
teatrale, sia per la docilità dell'ingegno e del verseggiare satirico. Vincenzo Julia, che lo ascoltò con interesse, scrive:

«Piccolo di persona, un po' gobbo, ironico e motteggiatore,
con voce nasale, recitava a noi giovani, affollati intorno a
lui, la versione del canto III dell'Inferno, con parola consolante».
E aggiunge:

«La sua povera cuna fu rallegrata dal suono della chitarra
calabrese e dal sorriso della Musa popolare, esultante tra i
pini della Sila e per le fertili valli del Savuto».[1]
Vincenzo Gallo, rimasto orfano, conobbe subito il dolore e
grandi sacrifici. Apprese il mestiere di liutaio e pervenne,

nel dramma *Carnevale* e nella farsa *Scola Cavajola*, alla realistica rappresentazione del disagio della plebe meridionale.

La sua opera rivela, come osserva Leonardo Falbo, una narrazione indubbiamente modesta in termini di avvenimenti e di movimento scenico, ma è da ritenere «considerevole l'intangibile sacrario» delle convinzioni e delle consuetudini popolari e della sua lingua dialettale.[2]

Concependo un grande amore per il linguaggio della tradizione, Vincenzo Gallo partecipò alla divulgazione della letteratura teatrale, seguendo piuttosto i moduli di Angelo Beolco, detto il Ruzante (ossia brontolone),che rappresentò il mondo contadino minacciato dalla fame e dalla guerra, anziché quelli di Molière, che divenne il Terenzio della più splendida Corte d'Europa, per la perfetta costruzione di personaggi e caratteri, di drammi piccoli e grandi della vita quotidiana, e per la versatilità nell'arte teatrale, dalla farsa buffa al genere della più elevata commedia.

Anche se alcune sue operette giovanili sono andate perdute, il giudizio sul suo mestiere artistico (a prescindere dai lavori di chitarrista, di carceriere e d'insegnante elementare, che gli permisero di sbarcare il lunario), non cambia sostanzialmente: il suo intento era satirico, ma più vicino all'irato Giovenale che allo stile bonario di Orazio Flacco, e la sua capacità era rivolta a scoprire la degradazione fisica e morale, simboleggiata dal gaudente Carnevale.

Egli faceva preciso uso della lingua dialettale calabrese per contemplare, con un sorriso che si spegne sulle labbra, la realtà della sua vita, degli stenti e dei dolori.

Dal sonetto autobiografico, indirizzato a Francesco Morelli, che aveva studiato alla scuola cosentina di Luigi Greco e a quella napoletana, fucina di personalità letterarie e politiche, emergono i tipici tratti del pungente poeta di Rogliano[3]:

Sugnu vasciu de furma, nu tafanu,
largu de frunte, l'uocchiu castagnaru,
lu nasu comu vrogna de purcaru
e lu lavru de sutta grossulanu,
lu piettu vorrà fusu a Dipignanu,
ma dintra 'stu timpagnu, amicu caru,
c'è nu core chi forse un'a lu paru,
eccu lu chitarraru de Ruglianu.

Sul carattere di Vincenzo Gallo, costruttore e suonatore di chitarre, altre note utili sono scritte nel viaggio *Dal Sebeto al Faro* di Cesare Malpica,[4] esponente più in vista del Romanticismo meridionale, corrente d'ispirazione sentimentalistica, «tetro, patetico, che esprimeva l'irrequietezza sociale del tempo», come avverte Luigi Costanzo[5]:

«Rogliano ha oggi un poeta popolare: e questo poeta è un povero chitarrajo! Faceto, spiritoso, di una spontaneità ammirabile, anzi portentosa, maneggia con facilità i più difficili metri: e fa colle sue umili frasi ciò che molti con pompose frasi non fanno».

Da ciò si arguisce che Gallo non era un buffone di corte, presso le famiglie roglianesi di Morelli e Giuranna, ma un uomo che disbrigava con sapienza i propri problemi di vita o di sopravvivenza. Vincenzo Julia, nel giornale cosentino "Avanguardia", precisò:

«Il suono della chitarra temperò le grandi amarezze della sua vita ed eccitò forse l'ardore della Musa popolana, soffocata dai dolori e dalla povertà».

Si può quindi capire meglio il tono e l'arte di Vincenzo Gallo: arte che prende inizio dalla vita paesana, con scene e personaggi che hanno i soprannomi di Frittata, di Pascariellu e che raffigurano le rivalità e gli odi municipali, assumendo toni amari, polemici, sarcastici.

Il plebeo Carnevale, affamato e giunto sull'orlo della morte, in cui finisce per la scienza medica contemporanea; il letteratucolo che conosce a mente gli espedienti metrici e che, privo di talento, si dedica alla traduzione di Orazio, Stazio, Plutarco, Cicerone; il leguleio loquace; i ridicoli speziali e i medici che praticano la loro arte, che è fallimentare (*ars fallendi*), perché uccide impunemente pazienti e clienti: ecco alcuni soggetti che non hanno spina dorsale e che cadono sotto la sferza di Vincenzo Gallo:

Dittoriu
Ca cincu mi lu viju ad a 'nu statu!...
Chine m'ha jastumatu? È 'nu sbarrellu,

è 'n'ugne lingutellu, è manciunissu,
Ma cacciatiene chissu, ohi Donn'Antò,
Nun èdi, noni, no, 'nu molicheri
O 'ncunu squadetteri o 'ncunu tomu,
ca binedica è 'n'omu ed è de bene!

Vincenzo Gallo è un po' prolisso, ma conosce l'arte di dipingere maschere caricaturali e di lanciare lazzi come frecce avvelenate e paga il proprio contributo romantico alla lingua dialettale, colorita e mordente, inseguendo situazioni e tipi paradossali, miserie e casi esilaranti, non solo per motivi personali ma, soprattutto, per considerazioni oggettive e umanitarie.

Nel *Carnevale*, egli raffigura il dramma della vita collettiva, sottratta all'artificio e all'improvvisazione degli attori. La vita municipale è, infatti, argomento privilegiato della sua riflessione, del suo scherno. Come Lucilio fu sostenuto dall'intimo impulso di migliorare i costumi dei suoi concittadini (*Voluimus capere animam illorum*), così Vincenzo Gallo osserva, con intento pedagogico e con modestia d'animo, che lo indusse a rinunciare all'insegnamento nella scuola magistrale di Cassano Jonio, un'azione estremamente rituale, indicando la strada del teatro popolare, su cui s'incamminò Vincenzo Padula, con il dramma *Antonello capobrigante calabrese*, documento di più consistente significato sociale e letterario.

Vincenzo Gallo, affrancatosi dal bisogno e dalla povertà, sale sul monte Elicona e traspone nel suo dialetto il sonetto di Padula «Se fossi mago».

La traduzione qui riportata è tratta da un manoscritto originale:

> Ventu si fossi Magu eu me facerra
> E lla gunnella tua pampuijerria,
> Stu iancu e russu pettu liccheria
> E ccu llu iatu tuoi lu meu mischerra.
>
> Se fossi un ma…! La luci diventerra
> Che t'arda, quannu dormi, gioia mia;
> Chiusu e civatu a nna caggia de tia,
> Riscignolicchiu tuoi me tramuterra.
>
> Diventeria na neglia e llu matinu
> Tàffiti, intra de tia quannu cuglissi
> Li iuri a primavera a llu jardinu.
>
> De mammata luntanu nne mpurrissi
> N'aria, nu ventarellu furfantinu
> E a stu magaru tuoi poi cchi dicissi?

Vincenzo Padula si urtò, lo rimproverò apertamente, e lo definì persona sciocca e presuntuosa:

Caru magaru mia, te dicerìa
che si na croscha, chiaru chiaru e biellu,
ca na 'nticchia non hai tu de cerviellu
né cancaru sai de magarìa…

Ca si de tramunteona nu juscjuni
Pu n'azzummulleria dietru lu meori,
allura ti diria ca si cazzuni.

In breve, Padula non lo volle riconoscere «maestro» nella poesia dialettale calabrese. Ma non bisogna sopravvalutare il fenomeno romantico come finora è stato fatto: a chi o a che cosa giova presentare Vincenzo Gallo «come grande poeta e come insigne educatore»? Egli fu un abile verseggiatore, che con la *Scola Cavajola* si distinse per lo spirito burlesco e satirico, mettendosi a capo d'una comitiva di sonatori di chitarra, che andavano per le vie e per le case a raccontare i fatterelli di paese. Egli però rispetto agli altri aveva inventiva e la lingua del popolo di Rogliano e della confinante Marzi non era mai fredda e scipita «come i maccheroni senza butirro», come soleva dire Teofilo Folengo nel *Baldus* (1517), esempio anomalo di realismo comico-grottesco. La lingua dialettale di Gallo nella farsa «Scola Cavajola», composta nel 1861, all'alba dell'unità d'Italia, risulta sapida e spesso adeguata ad agitare problemi sociali, a mettere in scena i costumi, le ingenuità, le goffaggini e le necessità del popolo.

Mancano, nella commedia satirica, argomentazioni dialetti-
che, nonostante il richiamo alla vera e pura fonte del sape-
re, costituita dalle opere di Muratori e Senofonte, di Gal-
luppi e Gioberti, di Pitagora e Seneca ecc. Ma la farsa è in-
dirizzata soprattutto a mettere l'istruzione del popolo
all'ordine del giorno, concedendo risalto all'azione educati-
va nel contesto sociale.

La propensione alla satira allontana, comunque, Vincenzo
Gallo dallo strambotto siciliano e dalla poesia epico-lirica
settentrionale, nel furente scontro tra regresso e progresso
libertario, tra aristocratici e popolani, collocandolo fra i so-
stenitori dell'incivilimento e della trasformazione dei rapporti umani, che intaccano la stratificazione sociale danno
luogo alla riqualificazione professionale e morale.
Nell'ambiente risorgimentale si leva il canto di Vincenzo
Gallo, sdegnato contro chi urta la sua etica professionale e
la sua coscienza liberale.

Nei *Falsi liberali e falsi demagoghi*, di 138 sestine, composti
in due canti intorno all'anno 1848, viene esaltato senza ipo-
crisia l'ideale di libertà:

> Siccome curra mò la libertate,
> dire la verità chiara putimu.

Vincenzo Gallo, perciò, non vuole sprecare il fiato (a *jatu
persu*) ma gridare a squarciagola il nome della libertà e della
fratellanza. Come si vede, l'aggancio poetico è ai principi di
libertà e di fraternità, divampati nella rivoluzione francese e

purificati nel sangue dei martiri italiani del 1844 e del 1848. La sua voce freme amor di patria, ed è quella distinta della coscienza morale, che non si lascia sopraffare né trascinare da un pugno di ladri, ruffiani e scrocconi, vale a dire da falsi demagoghi. Il verso incita tutti a inalberare la bandiera della libertà, senza stare alla finestra a guardare e senza rimanere confusi e sperduti in un triste angolo della terra:

> Ma certe vote chiacchiariannu, mera,
> unu se po' sfugare ccu 'nu versu
> e ccu 'nu versu azare 'na bannera,
> 'nfine poi se caccia 'ncunu vozzu
> chi le 'ntippa, perdeu, lu cannarozzu.

Alcuni versi, abilmente lavorati, con sfumature evidenti e decise, fanno dimenticare il doloroso passato e additano le nuove fortune per la patria divisa:

> Tratantu stu trascursu, hai pacienza,
> tuglimulu mò via pe' carità,
> basta ch'è chiara e netta cuscienza
> tuttu lu restu comu va, va.

Qui si entra nel mondo della coscienza «pulita e netta», come dice Dante di cui vengono utilizzate le aggettivazioni riferite alla forza d'animo e alla dignità umana; qui Vincenzo Gallo è un uomo che conosce i travagli quotidiani e la positiva volontà di cambiare e costruire il futuro.

Il problema della libertà urge nell'animo di Gallo, che non vuole dilettare la società ma spronarla al bene e mette quindi alla gogna i signori intedescati e maldestri e il poetucolo servile, che si fa largo tra la folla, alla maniera del guappo, tutto «'nzangarellatu e spiritusu», per sfoggiare un gioco di parole contrario ai bisogni radicati nel cuore del popolo:

Fattu ch'ebberu largu tutti chilli,
se caccia lu cappellu e spassiau
lisciatisi la frunte e li capilli
supra la Lummadia sbardiellau,
'ncingnau de Varva Rossa, e durcemente
po' deza vota a la Costituente;
supra lu papa po' giravu lu cantu
e se sbrigliau chi, bonusia, Signure,
chiamannulu mo Brutu e mo 'nu Santu;
po' lu 'ntrunau de talia 'mperature,
parrau de Francuforte, de Cussettu,
de Carribertu, 'e Franza…via: de tuttu.

Vincenzo Gallo guarda lontano, manifestando avversione alla Babilonia e alle basse ambizioni di coloro che «vutaru cannella» e mutano spesso divisa politica. L'operetta satirica «I falsi liberali e i falsi demagoghi» intende promuovere un programma libertario ed estetico fuori dai canoni arcadici, e si direbbe con le parole del Parini, fuori «del lusinghevole canto». Vincenzo Gallo vuole, infatti, ridestare la coscienza degli Italiani con un messaggio forte. D'altronde, nei suoi versi si scopre l'uomo offeso dalla tirannia e dal disprezzo dei diritti inalienabili, mentre il suo modus vivendi è basato sul sacrificio, sul rispetto della legge, sulla capacità d'iniziativa:

> Nue non jamu pe' strubbare
> l'atri regni cu sta guerra,
> ma vulimu chilla terra,
> ch'è la nostra, liberare.

Cultore di sentimenti patriottici, egli non si fa banditore della fratellanza «de li cani e de li gatti», ma osservatore di personaggi e fatti reali, rappresentati con audacie vena e con l'umorismo della vita. Carlo Alberto, «birbu Carignanu», Vincenzo Gioberti «vurpe mastra», Pio IX, «n'autru pezzu de manicature», don Gesumminu «tuttu 'mpaparatu», Antonio e il vecchio «cu na cera brutta» entrano nella galleria dei ritratti dell'epoca per muovere guerra contro coloro che sciorinano una teoria di parole vuote e di versi gratuiti:

> Alla Patria tuttu damu:
> mamme, figli e le mugliere;
> prestu, jamu a le fruntere:
> mò ce simu, chi tricamu?

La sua traduzione dialettale di alcuni canti dell'Inferno di Dante (III, IV, V, VI, XIII, XXV), raccolti da Stanislao De

Chiara, non incontra le simpatie di Eugenio Serravalle, che apertamente dichiara:

«Io non arrivo a capire, anzi, siffatte traduzioni, prive di utile e di bellezza, io le ho in concetto di pure e semplici esercitazioni retoriche, ed in esse si scorge un brutto segno dell'infiacchimento e della decadenza intellettuale degli scrittori in vernacolo perché quando non si ha più la forza di essere originali, si cerca di imitare, di tradurre chi ha saputo essere originale».[7]

Bisogna tuttavia non dimenticare che Vincenzo Gallo cerca, secondo la visione romantica, di far capire al popolo minuto, mediante la lingua dialettale, il perpetuarsi di valori eterni ed estetici, non di mettere addosso al sommo poeta fiorentino abiti consunti e sciatti. Vincenzo Gallo ha tradotto con gusto anche l'ode catulliana «Il passero di Lesbia» e le «Lamentazioni di Geremia», per divulgare nel pubblico illetterato opere d'invenzione che lasciarono tracce suggestive e durature di un'antica civiltà.

NOTE

1. V. JULIA, *Saggio di studi critici su Vincenzo Selvaggi e la calabra poesia*, Cosenza, Migliaccio, 1878, pp. 10-11.

2. L. FALBO, *Vincenzo Gallo 'u chitarraru. Drammaturgo e pedagogo*, Cosenza, Progetto Editoriale 2000, 1991.

3. F. PERRI, *Rogliano e dintorni*, Cosenza, Progetto Editoriale 2000, 1999.

4. C. MALPICA, *Dal Sebeto al Faro*, Napoli, Festa, 1845, p. 91.

5. L. COSTANZO, *Viaggiatori nella Valle del Savuto*, Cosenza, Edizioni Orizzonti Meridionali, 2010, p. 122.

6. S. DE CHIARA, *Dante e la Calabria*, Cosenza, Aprea, 1894.

7. E. SERRAVALLE, *Vincenzo Gallo detto il chitarraro*, Atti dell'Accademia Cosentina, XV, Cosenza, Serafino, s. d., pp. 75-76.

VINCENZO PADULA POETA E LETTERATO

VITA E OPERE

Vincenzo Padula, nato ad Acri (CS), il 25 marzo 1819, dal medico Carlo Maria e da Mariangela Caternino, entrò a dieci anni nel seminario di Bisignano; si trasferì in quello di S. Marco per compiervi gli studi liceali. Unì alla disconti-nua carriera di docente (nel seminario di San Marco, nel liceo "B. Telesio" di Cosenza, presso famiglie benestanti, nel liceo "Vittorio Emanuele" di Napoli, nell'Università di Parma dove fu molto apprezzato per la sua notevole conoscenza della lingua e dei classici latini) una breve esperienza a Firenze di segretario particolare di Cesare Correnti, ministro della Pubblica Istruzione nel governo Ricasoli, che gli affidò la direzione della rivista "Il Diritto".
Padula si collocò nel «Romanticismo naturale» calabrese, messo a confronto da Francesco De Sanctis con quello convenzionale di Napoli, per le istanze del realismo e della "popolarità" poetica. Pubblicò a Napoli, nel 1842, la novella in versi, *Il monastero di Sambucina*, dove rappresentò le storie, ambientate nei monti di Luzzi, di Eugenia, di sua madre Gertrude, che morì tragicamente dandola alla luce, di Teresa, costretta a farsi monaca. De Sanctis, quando lesse che Teresa avvertiva un voluttuoso fremito, stringendosi nello stesso letto ad Eugenia, gridò allo scandalo: «Tutto questo è profanazione, troppa natura, troppo senso; è il

poeta che penetra troppo nella sua concezione». Il critico De Sanctis, esaminando nel 1873, dalla cattedra universitaria di Napoli, anche la novella in versi, *Valentino* (Napoli 1845), osservò che Padula aveva calato la concezione infernale del brigante «in mezzo a ciò che di più grazioso e voluttuoso ha la forma ariostesca» e che il prete di Acri aveva avuto il buon senso di «spezzare il plettro», mentre altri poeti continuarono «ad agitarsi nel vuoto». De Sanctis attese inutilmente di leggere l'*Orco*, una leggenda popolare trasposta in versi polimetri, poiché l'opera fu lasciata incompiuta.

Vincenzo Padula fu ordinato sacerdote, il 10 giugno 1843, all'età di 24 anni, dal Vescovo Marino Marsico. In un discorso, tenuto a San Marco (Argentano), affermò solennemente: «Indegno qual sono, io benedico il momento che i miei genitori dissero a Dio: - Noi mettiamo al Tuo altare il primo fiore del nostro letto».

Nel 1844, partecipò, con l'amico Domenico Mauro, ai moti di Cosenza. Dopo essere stato arrestato fu prosciolto. Ma fu preso poi di mira dai proprietari terrieri per avere deplorato dal pulpito della chiesa di San Domenico il peccato dell'incesto e per avere combattuto contro l'usurpazione delle terre demaniali. La sera del 25 settembre 1848, fu colpito con un nerbo di bue e Giacomo, accorso in difesa di suo fratello, fu assassinato. Da allora il prete Padula, cui fu risparmiata la vita per non commettere peccato di sacrilegio, fu costretto a una vita di peregrinazioni e di stenti. Nel

1858 aprì una scuola privata a Cosenza e, nel 1859, insegnò a Napoli.

Padula fondò a Cosenza, nel 1864, *Il Bruzio*, bisettimanale politico-letterario, scritto interamente da lui «allo scopo di aiutare l'opera del nuovo governo». Dopo l'unificazione d'Italia, passò dalle idee democratiche della gioventù a quelle moderate. Gli articoli del *Bruzio*, definiti da Carlo Muscetta «la prima inchiesta sul Mezzogiorno dopo l'unità», documentano la bravura di Padula prosatore e critico sociale.

Analizzando le reali condizioni di arretratezza e povertà della Calabria, reclamò a gran voce esperienze libertarie e riformatrici attraverso l'istruzione, l'incremento dell'agricoltura, il riscatto dallo sfruttamento e dall'oppressione esercitata dai galantuomini, il supplemento di moralità. Il Bruzio, nato sotto gli auspici del prefetto di Cosenza, ebbe vita breve.

Benedetto Croce apprezzò gli articoli del Bruzio sullo stato delle persone in Calabria «stupendi di pensiero e di forma». In una lettera, che si conserva in vetrina presso la Biblioteca Nazionale di Cosenza, egli si dichiara lettore accanito delle opere di Padula e gli chiede notizie della sua vita politica e letteraria.

Napoli 20 gennaio 1890.

Pregiatissimo Signore,
Ella forse non sa di avere degli <u>incogniti ammiratori</u>. Uno di questi sono io, che ho ricercato sempre con <u>molta avidità i suoi scritti</u>, e sono riuscito a leggerli e possederli quasi tutti ma, vorrei scrivere a lungo su un giornale letterario di valore, del quale sono collaboratore. Ma, per far questo, m'occorrebbe di avere qualche notizia sulla sua vita politica e letteraria della quale, finora, non so altro se non quel tanto, che se ne può trarre dai suoi scritti.
Mi rivolgo perciò alla sua cortesia, e spero ch'ella vorrà contentarmi.
Compiacendosi di rispondere, voglia dirigere la lettera alla villa Giordano al Vomero – Napoli.
E disponga di me o come crede.

Dev.mo suo
Benedetto Croce

Croce, rinnovatore dell'estetica, nella «Letteratura della nuova Italia» rilevava che Padula aveva prodotto «uno strano miscuglio di vecchiumi da seminario e di ardimenti moderni, di letteratura da provincia e di originale poesia». E però Croce scriveva anche che Padula non fu «uno dei tanti letterati d'imitazione, seguaci di una scuola o di una moda», perché rimase «fedele alla poesia per tutta la sua vita». Nel 1866, Padula ritornò a Napoli, dove stette fino al 1878.

Partecipò, nel 1871, alla cattedra di letteratura italiana all'università di Napoli con due operette: *Pauca quae in Sexto Aurelio Propertio Vincentius Padula ab Acrio animadvertebat* (1871), dove c'è una magnifica descrizione della festa di Montevergine, e *Quomodo letterarum latinarum sint studia instituenda*, per raccomandare lo studio approfondito dei classici come recupero umanitario. La lettura del testo di Properzio «non sempre è approfondita» e contiene delle «sviste»: Padula confessava, infatti di non avere avuto il tempo di fare correzioni e aggiunte: *summam manum imponere non potui*.

Egli si candidò, nel 1872, come Deputato al Parlamento nel collegio di Verbicaro, per trovare il coraggio di «inveire contro i mali del passato» e per combattere «ad oltranza molti abusi e molte persone che mi urtano i nervi». Non ebbe successo. Né la sua fortuna (Padula era molto superstizioso) volle «cangiare le ruote»: egli non superò il concorso all'insegnamento della scuola normale, che fu vinto da Bonaventura Zumbini.

Padula raccolse in volume le sue *Poesie* (1878) di vari argomenti: la donna, la patria, la morte del fratello Giacomino, la fede in Dio, cui chiese di rendere tranquillo il cuore: *Ed il Signore m'udì / Non ti lagnar, mi rispose / Se io ti creai poeta; / Un'anima inquieta / Ei deve aver così*. Sul tema della fede obiettò agli scettici che essa «è necessaria a chi scrive la poesia, non a chi legge». Fu anima «profondamente religiosa» anche se sentì i morsi eschilei della carne ed ebbe «desideri indiscreti», come avvertì Vincenzo Julia, che gli fu amico, e poté attestare che nonostante ciò Padula fu «ebbro di misticismo e di soprannaturale». Fra le liriche si segnala *Il Telaio*, che attinge alla tradizione folkloristica per creare, con potente naturalezza espressiva, una visione scenica densa di fremiti, di arguzia, di amore incantevole per Maria anche se inappagato. È un componimento di maestosa bellezza unita al favoloso gioco d'immagini. La tessitrice ha la voce di sirena, che incanta e rapisce il cuore: *Tra queste fila, ahimè! l'anima mia / Al par della tua spola, or viene, or va, / E vi rimane presa all'armonia / Di quel tuo dolce tricche tracche, tra!* Il prete di Acri, devoto alla Madonna del Pilerio, protettrice di Cosenza, così la implorava: *Vergin pia! Gli occhi ridenti / volgi al secol doloroso, / e gli mostra, che riposo / solo in te si può trovar.*

Un critico stravagante, Domenico Scafoglio, scrive che Padula è un poeta «osceno» da censurare. Si dimentica però che Padula per tutta la sua vita ebbe «un senso vigile del peccato» e che l'oscenità «non genera arte», come giustamente obiettava Giuseppe Julia nella «Storia della letteratura acrese».

Le *Prose giornalistiche* (1878) mettono in luce la personalità di Padula dotata di energia e di passione, e descrivono il popolo del «meraviglioso paese» di Acri come «barbaro, maligno e feroce», privo di educazione religiosa e civile. In questo gretto ambiente, Padula predicò ai giovani raccolti nelle farmacie, nei caffè, nelle sale di bigliardo, di non occuparsi «di novellette» ma di discutere «della necessità della patria e veder modo di migliorarla».

Nel 1881, egli fece ritorno a Napoli invecchiato, stanco e ammalato. Pensò di poter trovare giovamento fisico nell'aria di casa sua. Chiuso nella stanzetta del suo palazzotto, s'immerse nella lettura della «Città di Dio» di S. Agostino, il grande «poema mistico», che gli fece gustare «le dolcezze della vita futura». Vincenzo Padula morì ad Acri, l'8 gennaio 1893, in solitudine e pentito dei suoi peccati, all'età di 75 anni compiuti.

Nelle poesie dialettali: *San Francesco di Paola* e *Notte di Natale* si rispecchia la religiosità di Padula, che si dibatté per tutta la vita nel «discidium animae», tra il cielo e l'inferno, senza però coltivare paradisi artificiali né propositi di suicidio di Baudelaire

Padula fissò, nel 1850, con spirito antiborbonico, l'epopea del brigantaggio in *Antonello capobrigante calabrese*, un «animo nobile», che desiderava l'alleanza dei briganti della Sila con i fratelli Bandiera. Il dramma in 5 atti fu inserito nell'appendice al *Bruzio*. Recò in versi l'*Apocalisse* (1861) da cui Giosue Carducci trasse «una piacevole lettura». Di argomento filosofico e letterario è l'*Introduzione a un corso di Estetica*. Nella smania di farsi onore, accettò di pronunciare - il 17 marzo 1869 - una conferenza che fu pubblicata con il titolo: *Elogio di Antonio Genovesi,* dove evidenziò l'amore del filosofo «per tutte le belle e utili cose» e che «se Vico fu un uomo grande, Genovesi fu un uomo opportuno». *Protogèa* (1871) tratta dell'Europa preistorica ma è mancante di verità. Nel 1890, pubblicò una breve ed edificante *Storia della portentosa immagine di Nostra Donna Ma-*

ria della catena nell'eremitaggio di Laurignano nell'Arcidiocesi di Cosenza. Gran parte dei frammenti del poemetto *Sigismina*, a cura di Attilio Marinari, furono editi da Carlo Maria Padula a Roma (1976). Marinari curò *Calabria prima e dopo l'Unità* in due libri.

POESIE DIALETTALI

Nelle poesie dialettali, la narrazione paduliana divaga in vivide rappresentazioni di eventi e di personaggi umili, costruttivi, emotivamente accattivanti, religiosamente ineccepibili e riflettenti una visione del mondo serena, proposta con piacevole espressività. La canzone dedicata a *San Francesco di Paola* è un'esercitazione scolastica in lingua dialettale acrese, che piacque molto ai seminaristi di S. Marco e a Felice Greco, vescovo della città, che non punì l'alunno per avere disobbedito agli ordini del prefetto di camerata, che gli aveva vietato di passare il tempo nel rimare senza la necessaria e approfondita conoscenza delle norme metriche.
Poiché il vescovo Felice Greco morì in San Marco (22 febbraio 1840), il componimento agiografico dedicato al Santo di Paola risale a prima del 1840. In esso il seminarista Padula s'inoltra nel vivo della vicenda terrena del Paolano, specchio di virtù, partendo dalla nascita fino alla morte (*dies natalis*).
Egli però trascura o ignora che a tredici anni il Paolano passò nel convento di S. Marco per compiervi un anno di *famulatus*; che l'eremita paolano istituì l'Ordine dei Minimi

(1435) e fu ambasciatore di pace in Francia, dove si recò non solo con l'intenzione di diffondere la sua Congregazione ma di stringere una salda alleanza tra il Papato, il re Ferdinando I d'Aragona e il re di Francia.

Egli passò prima per la corte aragonese di Napoli, per volere del papa Sisto IV, e arrivò alla corte del re Luigi XI, che voleva essere da lui guarito dalla malattia corporale. Il servo di Dio, ritenendo di dover apportare al monarca il lenimento salutare della fede religiosa, lo persuase di liberarsi dal male del peccato e di riconciliarsi con Dio. Il re francese badava più a prolungare la propria vita terrena che ad osservare la volontà di Dio, da cui morte e vita dipendono. Luigi XI chinò il capo e si congedò dal mondo con animo sereno e tranquillo per i meriti del Paolano. Questa la trama.

Francesco di Paola, figlio di Giacomo Martolilla e Vienna di Fuscaldo, nacque il 27 marzo 1416, dopo che sua madre, sterile da alcuni anni, aveva rivolto le sue preghiere alla Madonna, che mossa a compassione fece in modo che Vienna concepisse un bambino candido come un giglio.

Francesco passò i suoi primi anni a Paola, bagnata dal mar Tirreno, nella recita del Breviario e dell'Officio e nell'instancabile orazione. Un giorno venne ripreso dal padre, che gli disse di non stare sempre in ozio ma di farsi negoziante. Il giovane gli rispose che aveva scelto un'altra via: quella di servire in ogni luogo Cristo e Maria.

Il padre, sdegnato come un Lucifero, lo prese a bastonate. Il ragazzo fuggì nascondendosi in un luogo di sua proprietà ma deserto, dove egli prese a coltivare il suo campicello per cibarsi soltanto di erbe, poiché non mangiava carne né uova, né latticini e spesso digiunava come se si trovasse nel periodo quaresimale.

Ogni sera ed ogni mattina Francesco si fustigava a sangue e pregava continuamente come i Padri del deserto. Salito in tanta fama, l'eremita paolano s'incamminò lungo la via della Calabria e passò prodigiosamente lo stretto di Messina sopra il proprio mantello non avendo soldi per pagare il barcaiolo.

Francesco costruì conventi, spesso andò in estasi, fece opere di carità. Con le sue preghiere ottenne da Dio numerosi miracoli. Liberò la sua terra dal terremoto, dal colera e dai conflitti, e a tutti elargì carità, prosperità e tranquillità.

Giunto alla vecchiaia, non si lasciò prendere dalla paura della morte, che accettò con animo sereno. La sua anima salì in cielo fra gli Angeli a contemplare il mistero della Trinità.

Nei versi ottonari, Padula, riconoscendosi peccatore, pregava e sperava d'imitare il Santo di Paola in modo da entrare in cielo in braccio a lui. Francesco di Paola, facitore di meraviglie, chiuse gli occhi per sempre a Plessis-lès-Tours, il 2 aprile 1507, all'età di 91 anni.

La canzone dialettale presenta imperfezioni e manchevolezze, eppure costituisce l'annuncio delle qualità poetiche di Padula, che si accostò alla realtà popolare con fresco sentimento, spogliato di enfasi e portato a una linea di semplicità.

Padula ebbe consapevolezza dei difetti del suo componimento, che rivela buona conoscenza della lingua dialettale ma fantasia creativa. Di conseguenza, egli non tornò più sul tema e non lo pubblicò nelle *Poesie varie* (1878) per non incappare nel giudizio negativo della critica accademica.

Antonio Julia raccolse la «canzunella» dalla bocca di una popolana di S. Marco, nel 1892, e la mandò a Luigi Accattatis, che la riportò in buona parte nel suo «Vocabolario dialettale calabrese».

Il padre cappuccino Ilario Di Benedetto, studioso delle *Poesie religiose di Padula*, trascrisse la copia formata di 64 quartine, con rime alternate e altre volte baciate, datata 1854, che si conserva nella Biblioteca Nazionale di Napoli.

A SAN FRANCESCO DI PAOLA

San Franciscu, mari mia!
sienti mo 'sa canzunella,
chi ne dissi nanna mia,
'n tiempu 'e viernu, alla furnella.

Mamma tua stava sdingata
ch'era senza 'na speranza,
de cchi s'era maritata,
'e 'ngrossari cchiù la panza.

' U maritu alla mugliera

l'afferrava pe' li trizzi:
li facìa 'na sonagliera
'e patate e cipullizzi.

E pe' tuttu chissu affannu,
senza scarpi e bantisinu
mamma tua jìa pregannu
alla chiesia ugni matina.

E dicìa: - Madonna mia,
chi cunsùli l'orfanielli
tutt'u juornu 'mmienzu 'a via,
'ncudinudi e povarielli,

fammi a mia puru 'na grazia
ca marituma è sdingatu
ca 'a tant'anni – è 'na disgrazia! –
iu 'nu figliu nu' l'haju datu.

'A Madonna, povarella,
ni sentìu cumpassioni
e, 'na notti, tutta bella
li cumparvi 'n visioni.

E li misi 'ntra lu piettu
friscu e brunnulu 'nu jigliu
e li dissi: «Stammi aspiettu
ca cusì tieni 'nu figliu».

E biditi, appena appena
'ncunu misi era passatu
si truvàu la trippa prena
'e nu figliu affurtunatu!

'N capu pu' alli novi misi
squacquàrau 'nu quatrariellu:
tutt'u cielu si ni risi,
ch'era trugliu e sciosciariellu.

Francischiellu tu nascisti,
Francischiellu ti chiamasti,
friscu friscu ti criscisti
friscu friscu ed ordurasti.

Biellu com'u suli 'e aprili,
quannu fa 'na bell'occhiata;
'a facciuzza era jentili
cumu rosa scocculata.

'N capu 'a naca lu cantavanu
murri a murri l'Angiulilli;
'na curuna li purtavanu
'ntorniata tutt'e stilli.

E, quann'era pittirillu,
'a Madonna bella bella

l'adacquatti lu mussillu
cullu latti 'e da minnella.

Si lu misi supr'i vrazza
e facìa: Ninna-nonna!
Suonnu mia de lu palazzu
vinitinnu e mi l'assonna!

Eccuti ca 'n capu ad anni
si facìu 'nu masculunu;
si facetti 'ranni 'ranni,
si facetti furacchiunu.

Quietu comi 'n angiulicchiu
e, ligati li manuzzi,
si ni stava a 'nu grupicchiu
e pregavanu 'i labbruzzi.

E pigliatu 'u Breviariu,
pu' l'Officiu ci lejìa;
e cantava lu Rusariu
patrinnuosti e bemmarìa.

Chini tutti d'allegrizza
si ni stava mamma e tata.
Oh, chi gioia e cuntintizza,
ca Franciscu era 'mpattatu!

Ma 'nu juorni tatarella
'u pigliatti pi' 'na manu
e, arrivati a 'na rasella,
li dicetti chianu chianu:

Francischiellu, sienti, figliu,
sienti 'e parta lu cunsigliu,
c'haju mangiatu chiù de tia;
sacciu 'a bona e 'a mala via.

Mo si fattu gruossu e grassu
e 'un comméni stari a spassu;
cchiù nun diri patrinnuosti,
ca si no ti rompu 'i cuosti.

Pi' nun stari sempr'in oziu,
pecchì 'un armi 'nu negoziu?
Vinni e accatta, accatta e vinni,
chianu chianu vinitinni:

ni facimu 'nu trisuoru
tuttu quantu 'e argientu ed uoru.
Tu m'ha' 'ntisu, mo Franciscu?
S'un m'ha' 'ntisu, ti sta friscu:

picchì pigliu nu tavusciu
e ti fazzu musciu musciu!
San Franciscu stozza a stozza

ni ristàu tuttu sturdutu;

vucc'apiertu, culla crozza
'un sapìa duv'era jutu.
Si facìa però la cruci
pe' nun pérdari l'ardiri:

e cchiù tuostu di 'na nuci
'e cussì si misi a diri:
Tata mia, guardami 'n frunti,
ca fa' troppu spari i cunti.

Gesù Cristu m'ha allevatu
ccu llu sangu 'e du custatu,
e la bella Madonnella
ccu llu latte 'e da minnella.

Iu 'un vuogliu fatigari,
ma li grazii m'acquistari,
e serbiennu ad ugne via
Gesù Cristu ccu Maria.

Chi vo' stari a chissu munnu
sc-coppa dintr'allu perfunnu;
chi vo' stari 'n allegrizza
ha d'aviri scuntentizza:

e pe' chissu, tata miu,

'a fatica 'un fa pe' mia!
comu Cifaru sdingatu
'u pigliatti lu papà

e li fici lu custatu
tiritappi tappità.
Tuttu mìsaru e dimiertu
San Franciscu, povariellu,

si ni jetti a 'nu disiertu
a si fari monachiellu.
'A Madonna li dicìa:
Lassa a mamma e lassa a tata!

Venitinni appriessu 'e mia,
Francichiellu affurtunatu.
Là si misi 'n penitenza
stava sempre 'njinocchiuni;

né cucina né dispenza
li conzava lu fiascuni.
Si facìa 'na minestrella
'e radici d'animali,

s'a mangiava a 'na scutella,
ma senz'uogliu e senza sali.
'Na minestra di spinaci
'e vitarbi e di sc-cavina,

'e lapristi e pastinaci,
'e finuocchi e paparina.
San Franciscu povariellu
'un avìa 'nu litticiellu,

senza fuocu 'un si scarfava,
senza panni ci 'ntrasc-cava!
Ugni sira sette parmi
misurava di terrinu:

pi' ssi fari sarba l'arma
si cci dava alla schina.
Ugni sira, ugni matina
si facìa 'na disciprina,

disciprina a sangue ruttu
e vattìa e 'un era abbuttu.
E gridava: Ohi, Gesù Cristu!
Tu campasti affrittu e tristu,

e macàri ti vinnìrunu
e di pazzu ti vestìrunu!
Alla faccia ti sputarunu,
alla faccia ti minarunu,

ti finirunu cu' vétturu
e pua ti crucifiggétturu.

Tuttu chissu tu soffristi,
tantu amaru ti vivisti,

pe' serbàri l'arma mia;
iu chi fazzu mo pe' tìa?
E Franciscu dalli, dalli,
pi' li cuosti e pi' li spalli

senza cori né pïetà,
tiritappi tappità!
Là si fici 'nu santuni
e ni jìa la numinata;

a ugni pizzu, a ugni puntuni
ni parràvanu 'ncantati.
Supra 'u mari, senza varca,
curaggiusu illu si 'mmaca,

e, spanniennu lu mantiellu,
si ni fa 'nu guzzariellu!
e lu mari si fa chianu,
ch'assumiglia 'nu pantanu!

Là lu riccu 'mpovarisci,
là lu povaru arricchisci,
là cunsula sbenturati,
duna pani all'affamati,

va vestiennu 'ncudinula,
va pe' l'aria, vula, vula.
Quannu pu' vicinu a morti,
vadi a perdere lu jatu,

curaggiusu, arditu e forti
si ni stava ammantellatu.
L'Angiulicchi 'u cantavanu,
l'Angiulicchi 'u salutavanu

cu violini e cu chitarre
e facìanu zichizarre
e facianu zichi-zu:
nua avanti e appriessu tu.

Viva dunca, San Franciscu,
c'allu ciel mo sta friscu
e si godi 'n allegria
Gesù Cristu cu' Maria;

e pe' chilli belli chiani
va cull'Angiuli sovrani,
chi salutanu ugni tantu
Patri, Figliu e Spiritu Santu.

Fammi a mia pu' stari bonu
curaggiusu com'u truonu;
a ssa valli di duluri

fammi stari cu' valuri.

Liberanni 'e terremotu
e di còlara e coléra
ca 'ssu populu è divotu,
'e bon cori e bona cera.

Chi l'estati 'un sia chiuvusa;
abbunnanzia 'ncugna 'ncugna:
ugni gregna sia gravusa,
chi jettassi 'na timugna.

Stiessi bonu Munsignùri
trugliu trugliu e tuttu bòfalu,
comi sta 'nu mazzu 'e juri,
biellu comu 'nu garòfalu.

Falli chiòvari allegrizza
abbunnanzia a menzulla,
de virtuti 'na catrizza
fortarizza a tutta fulla.

Ed a mia chi t'aju fatta
chissa bella canzunella,
fammi fari, all'intrasatta,
chiattu chiattu ccu la pella!

Chiù disgrazii 'un mi mannnari

Ca 'un ni puozzu supportari!
E ccu Diu tu parramicci
perdicella 'na parola,

ca mi truovu a brutti 'mpicci,
cumi l'arma 'e fra Nicola!
Sugnu chjnu di peccati
'nsing'a diri alli quazuni:

mi li pozza illu lavari
ccu tri grana de sapuni.
E cussì, sempri sperannu,
mi rivientu santariellu;

'n capu pu' a quattrucient'anni
mi ni viegnu biellu biellu
'mparavisu 'n cuollu a tìa;
e bongiornu a Vussurìa!

LA NOTTE DI NATALE

Vincenzo Padula scrisse nel 1846 la *Notte di Natale*, quando si trovava nel seminario di S. Marco (il paese prese l'appellativo di Argentano con delibera comunale del 1862 n. 74). Il componimento è una deliziosa poesia dialettale, composta di tre parti distinte. La prima parte è di 27 sestine di ottonari, la seconda è di 19 strofe saffiche, la terza di 7 ottave ariostesche.

La narrazione della Natività di Gesù si muove tra l'immaginario popolare e l'esercizio letterario, libero da orpelli e da pedanterie, fissato a una religiosità non intrecciata con astrattezze filosofiche. Spiccano nel componimento creature semplici, immagini sacre trasfigurate e non di rado armonizzate con le tinte e le figure del paesaggio.

In una fredda e buia notte di dicembre, flagellata dai venti di Levante e di Ponente, un vecchio intirizzito, di nome Giuseppe, con il bastone in mano (simbolo del pellegrino e del patriarca) e con un'ascia di falegname alla cintura, camminava sulla strada di Betlemme, in compagnia di una donna bellissima, come una rosa, senza un anello nuziale al dito, vestita di rosso (simbolo del sangue che sarà versato per la redenzione dell'umanità), al nono mese di gravidanza: *impleti sunt dies ut pareret* (Lc 2,6). La donna ha una pancia rotondata da sembrare una barca carica di grano, che viaggia pianissimo per mare.

Nella seconda sestina le immagini della donna gravida paiono di una grossolana e fastidiosa esibizione realistica, mentre se si considera il pubblico cui Padula si rivolge esse completano la descrizione della figura della ragazzotta (*furracchiola*), che si chiama la Madonna, e sono appositamente scelte per adeguarsi al gusto ricorrente e al linguaggio e alla mentalità del popolino.

La luna, apparsa fuori da una nuvola rotta dal vento, illumina la strada per salutare Maria, che è più bella d'una stella.

Giunta in una casetta di bifolco, la donna si distende su un mantello e si addormenta sognando Santi e Angeli, che sembrano volere rapirla in cielo. È chiara l'allusione al mistero dell'Assunta! Quando ella si sveglia, si trova davanti il Bambino Gesù, che ripetutamente la chiama Mamma. Ella si mette in ginocchio, lo contempla amorevolmente e comincia un soave, rassicurante canto per fare addormentare il Salvatore del mondo e dei peccatori.

Il buio della notte cede allo splendore delle campagne e dei monti; la natura e gli animali si ridestano; i pastori, i massari, i cascinai e i forestieri, all'annuncio degli Angeli, accorrono, cantando e ballando al suono delle zampogne, per portare i loro doni; una fanciulla balza in piedi ed esultando porta in regalo un gallo canterino.

Il poeta Padula, desiderando di dare il suo contributo, compose la poesia dialettale *Notte di Natale*, dove la naturalezza delle scene percorre il terreno della teologia, con la scorta dell'amore e della fede, e conferisce alla canzone una speciale rinomanza presso il popolo.

È inopportuno però mettere a confronto Manzoni con Padula: il tema del Natale è lo stesso, ma nel lombardo si avverte un maggiore impegno meditativo e nel poeta acrese una particolare suggestione descrittiva, che si lega fortemente alla celebrazione del mistero cristiano e alla rappresentazione del Natale come si configura nel pensiero e nella fantasia popolare.

I

E 'na vota, ma v'a cuntu,
  'E decembri era 'na sira:
  'U Levanti s'era juntu
  Cu' Punenti, e tira tira,
  Si scippavanu 'i capilli,
  E 'nfugavanu li stilli.
Nìuru cumu 'na mappina
  ' U ciel'era, e spurnuzzati
  Cumu z'nzuli 'e cucina,
  Jianu 'i nuvi spaventati;
  E lu scuru a fella a fella
  Si facìa cu' li curtella.
Quannu scàvuzu e spinnatu
  E Sïonni pe' la via
  Jia 'nu viecchiu arrisinatu
  Avìa 'n'ascia alla curria:
  Muortu 'e friddu e pòvar'era,
  Ma omo 'e Diu parìa alla cera.
Tocca-pedi a lu vecchiottu,
  Pe' la strata spara e scura,
  Camminava 'ncammisuottu
  (For' maluocchiu!) 'na Signura
  Cussì bella, cussì fatta,
  Chi 'na stilla 'un si ci appatta.
'Nfaccia avìa 'na rosicella,
  A vuccuzza era 'n aniellu;

Ti parìa 'na zagarella
  Russa 'e sita, 'u labbriciellu
  Scucculatu e pittirillu,
  Tali e quali 'nu jurillu.
Era prena 'a povarella,
  Prena 'rossa, e ti movìa
  Tunna tunna 'a trippicella,
  Chi 'na varca ti parìa
  Quannu, càrrica de 'ranu,
  Va pe' mari, chianu chianu.
O figlioli, chi 'mparàti
  SSa divota mia canzuni,
  Via! 'i cappella vi cacciati,
  Vi minditi 'njunocchiuni.
  Chillu viecchiu...e chi 'u' lu seppi?
  Si chiamava San Giespi.
E la bella furracchiola,
  Chi camìna appriessu ad illu,
  Pe' v' 'u diri, 'un c'è parola,
  Sugnu mutu pe' lu trillu...
  Mo, de vua chi si la sonna?
  Si chiamava la Madonna.
Pe' lu friddu e lu camninu,
  'A facciuzza l'era smorta.
  'Nu palazzu c'è vicinu,
  S'arricettanu alla porta;
  Pu' - e tremavanu li manu -
  Trocculianu chianu chianu.

Cannaruti! li ricconi
   Cancarìanu, e nu' rispunnû;
   C'è 'n orduru 'e cosi boni,
   'I piatta vannu 'ntunnu
   Ed arriva lu fragasciu
   D' 'i bicchèra fin'abbasciu.
Tuppi-tuppi! - Chin'è lluocu?
   -È nu pòvaru stracquatu,
   Senza liettu, senza fuocu,
   Cu' la mugli a bruttu statu.
   Pe' Giacobbi e pe' Mosè,
   'Nu riciettu, cca ci nìè.?
O figlioli, lu criditi?
   Chillu riccu (chi li pozza
   'U diàvulu 'i munìti
   'Ncaforchiari dintr' 'a vozza),
   A 'nu corsu, chi tenìa,
   Dissi: - Acchiappa! Adissa! A tìa.
'A Madonna benadissi
   Chilla casa; e allu maritu
   - Jamuninni fora - dissi -
   Mina 'i gammi e statti citu -
   Si legâu lu maccaturu,
   E si misi pe' lu scuru.
Ma sbagliarunu la via,
   E cadìanu 'ntroppicuni:
   Mo 'na sciolla si vidìa,
   Mo 'na trempa e 'nu valluni:

Era l'aria propriu chiara
Cumu siettu de quadara.
Ni sintìu 'nu pisu all'arma
Tannu 'a luna virginalla,
Quannu viddi chilla parma
De Signura cussì bella
'Intr' 'a zanca, 'mmullicata,
Senza mai trovari strata.
E cacciannu 'a capu fora
De 'na nuvi, chi lu vientu
Fici a piezzi, la ristora,
Cielu e terra fu 'n argientu;
L'allucìu tutta la via,
E li dissi: Avi Maria.
Pe' lu cielu, a milli a milli,
'A na botta, s'appicciàru,
S'allumarunu li stilli
Cumu torci de 'n ataru;
E si 'n acu ti cadìa,
Ti l'ajjavi 'mmìenzu 'a via.
C'era là, ma allu stramanu
Fatta 'e crita e de jinostra,
'Na casella de gualanu
Ch'allu lustru s'addimostra:
Spuntillarunu lu vetti,
E la porta s'apiretti.
San Giuseppi, c'ha lu mantu,
Si lu sgancia 'nfretta 'nfretta,

Ci lu spànnidi a 'nu cantu,
'A Madonna si ci assetta;
E li scùoccula vicinu
D'ugne juri 'nu vurbinu.
Supr' 'u cori 'na manuzza
Si tenìa, pecchì era stanca;
Appaggiava la capuzza
Chianu chianu supr' 'a manca;
Pua, stenniennu li jinuocchi,
Quieti quieti chiusi l'uocchi.
Era aperta, e 'nu granatu
'A vuccuzza assimigliava,
Ordurusu escìa lu jatu,
Chi lu munnu arricriava,
Cullu cuorpu illa dormìa
Ma cull'arma 'ncielu jia.
Culla menti illa si sonna
D'arrivari 'mparavisu;
Senti diri: -È la Madonna!
Chi sbrannuri c'à allu visu!
Santi ed Angiuli li pari
Ca s' 'a vùolunu 'mpesari.
E la portanu vicinu
D' 'u Signuri, e lu Signuri
Si scippava de lu sinu
Pròpriu 'u figliu, e cud'amuri
Ci 'u dunàu cummu 'nu milu,
E li dissi: - Tiènitilu! -

Ma tramenti chi si sonna,
  Pe' lu prieju e pe' lu trillu,
  Si risbiglia la Madonna
  E si guarda, e lu milillu
  Va trovannu, chi l'è statu
  'Intra suonnu rigalatu.
Eccutì, ca biellu biellu,
  'Ncavarcatu supr' 'a gamma,
  Si truvau lu Bomminiellu,
  Chi scamava: - Mamma! Mamma! -
  Viata Illa affurtunata!
  'Ntra suonnu era figliata...
Cà, cum'esci na preghiera
  De la vucca de li santi,
  Cussì 'u figliu esciutu l'era
  Senza dogli a chillu 'stanti,
  Cum'orduri 'e rosi e midi
  Esci, ed èsciari 'un si vidi.
Illa 'u guarda, e njinocchiuni
  Tutt'avanti li cadìa;
  L'adduràu; pu' 'na canzuni,
  Chi d' 'u cori li venìa,
  Pe' lu fari addurmentari,
  'Ngignàu sùbitu a cantàri.

II

Duormi bellizza mia, duormi e riposa,

Chiudi 'a vuccuzza chi pari 'na rosa,
   Duormi scuitàtu, ca ti guardu iu,
   Zùccaru miu!
Duormi, e chiudi l'occhiuzzu tunnu tunnu;
   Cà quannu duormi tu, dormi lu munnu;
   Cà lu munnu è di tia lu servituri,
   Tu sî 'u signuri!...
Dormi lu mari, e dormi la timpesta,
   Dormi lu vientu e dormi la furesta,
   E puru 'intra lu 'nfiernu lu dannatu
   Sta riposatu…
Ti tiegnu 'mbrazza, e sientu 'na paura;
   Cà tu sî Diu, ed iu sugnu criatura,
   E mi sguilla allu sinu, e vô 'nfassatu
   Chi m'à criatu.
Occhiuzzi scippa cori, jativìnni!
   'U' mi guardati, cà fazzu li pinni.
   'Na vuci 'nterna, chi la sientu iu sula,
   Mi dici: Vula!
'A ninna 'e ssu'uocchi tua m'ardi e m'abbaglia;
   Tutta l'anima mia trema e si squaglia:
   Canta cum' 'u cardillu, e ascìri fori
   Mi vô lu cori.
Ti viju dintra l'uocchi 'n autru munnu,
   Ci viju 'n autru Paravisu 'n funnu:
   Sientu 'na cosa, chi mi fa moriri,
   Né si pò diri.
Chiudilli, biellu, pe' pietà, e riposa;

Chiudi a vuccuzza chi pari 'na rosa:
   Duormi scuitàtu, cà ti guardu iu,
   Zùccaru miu.
'U suonnu è jutu a cògliari jurilli,
   Pe' fari 'na curuna a ssi capilli,
   E 'ssa vuccuzza 'e milu cannameli
   T'unta cu' meli.
Cu' 'n acu 'mmanu è jutu supr' 'a luna
   A cùsari li stilli ad una, ad una;
   Pu' ti li mindi 'n canna pe' jannacca
   E ci l'attacca.
Chi sîti mo venuti a fari llocu,
   Angiuli 'e Diu, cu' chilli scilli 'e fuocu?
   Mi voliti arrobbari 'u figliu miu,
   Angiuli 'e Diu?
Cantati, sì, ma 'u' v'u' chiamati:
   Aduratilu, sì; ma 'u' v'u' pigliati;
   E Tu, bellizza, 'un fùjari cu' loru;
   Si no, ni muoru.
Statti, trisuoru mia, cu' mamma tua;
   Mo chi ti tiegnu, nenti vuogliu cchiùa;
   Cu' Tia vuogliu lu munnu caminari
   Sempri, e cantàri;
E diri a tutti: Chissu è Figliu miu;
   'A mamma è povarella, 'u figliu è Diu:
   D' 'u cielu m'è scoppatu 'ssu Bomminu
   'Intra lu sinu.
Ma ch'àju dittu? E nun sacciu iu lu riestu?

T'ammucciu 'mpiettu, o Figliu mia, cchiù priestu:
  'U munnu è malandrinu, e si t'appura,
  Oh, chi sbentura!
Pe' 'ssi capilli tua crìscinu spini,
  E pe' 'nchivàri 'ssi jidita fini,
  Piensu c' 'a forgia mo vatti, e nun sa
  Chillu chi fa.
'A sienti dintr' 'u vuoscu Tu 'ssa vuci?
  Nun è lu vientu no chi si ci 'nfuci:
  È la cerza chi grida: - 'U lignu miu
  Cruci è de Diu!
Ah, nun chiàngiari, no! Picchì, o Bomminu,
  Mi triemi cumu 'na rìnnina 'n sinu?
  Ppe' mo, duormi scuitàtu: tannu, pua
  C'è mamma tua.
Supra li vrazza mia, supr' 'i jinùocchi
  Zumpa, âza 'a capu, ed apirèlli l'uocchi.
  Quantu sî biellu! Chi jurillu spasu!
  Dammi 'nu vasu!

III

Cussì cantava 'a Vergini Maria,
  E nazziccava chillu quatrariellu,
  'U cielu vasciu vasciu si facìa,
  Asuliannu a chillu cantu biellu:
  Abballava la terra, e si movìa,
  Mustrannu tuttu virdi lu mantiellu,

E lu vientu si stava accappottatu,
    Gridannu dintr' 'u vuoscu: - È natu! È natu!
Ugne jumi portava 'na chjinera,
    Chi d'uogliu, chi de latti e chi de vinu.
    Meli e farina escìa d' 'i cerzi, ed era
    Càrricu 'e juri 'nsinc'a diri 'u spinu;
    E tornata parìa la primavera,
    Scotuliannu tutt' 'u vantisinu;
    'A vita fici l'uva, 'u 'ranu 'i spichi,
    E li scattilli si fecèru fichi.
'U portuni d' 'u cielu spalancarû,
    E cu' 'nu strusciu forti, e cu' 'nu vientu
    Quattru truoppi d'Arcangiuli calarû
    'E 'na bellizza ch'era 'nu spavientu:
    A leghe a leghe, supra lu pagliaru
    Teniennusi pe' manu, a cientu a cientu,
    Si misiru a cantari cullu suonu:
    -Sia grolia ad Illu, e paci all'omu buonu!
A chillu forti gridu, allu sbrannùri,
    Chi l'Angiuli spannianu, allu pàìsi,
    Sùbitu si scitarunu 'i pastori,
    'I massari, 'i curàtuli, 'i furisi.
    Vìdinu li campagni no' chiù scuri,
    Supra li munti vìdinu 'i lucisi;
    Sientû sonari suli 'i ceramelli,
    E ballari muntuni e pecurielli.
E ognunu si restava 'ncitrulatu,
    E culla manu l'uocchi si spracchiava:

Ma 'n Angiulu passannu, dissi: - È natu,
È natu chillu Diu, chi s'aspettava. -
Allura chi vidisti? 'Mpaparatu
Ognunu pe' la via s'azzummullava.
Chi canta e balla, e chi senza pensieru
Facìa culla sampugna: Lleru! Lleru!
Chi porta 'na sciungata, o 'na fiscella,
Chi 'n rinusu e chini 'nu crapiettu:
Scammisata fujia la furisella
Cu' quattru cucchia d'ova dintr' 'u piettu;
E appriessu li currìa la figlicella,
Chi 'nculinuda si jettàu d' 'u liettu:
Pe' l'allegrizza, li scoppa lu chiantu,
E porta 'nu galluzzu 'e primu cantu.
Ed iu, belli quatràri, iu puru tannu
'Nfrattari mi vulìa cull'autra genti;
Ma chilla jia 'ncollata, ed iu, malannu!
Iu sulu nun avìa li cumprimienti.
Ma jivi 'a mariola scalïannu,
M'avìa voglia 'e merari! 'un c'era nenti.
Chi fici poca? Fici 'sta canzuna,
E Jesullu mi dèzi 'na curuna.

MICHELE PANE ITALO-AMERICANO

Nato in Adami di Decollatura il 1876, morì a Chicago il 1953, all'età di 77 anni. Nipote del filosofo Francesco Fiorentino, che fu discepolo del critico letterario Francesco De Sanctis, interruppe a causa del servizio militare gli studi avviati a Nicastro e a Monteleone (Vibo Valentia) ed emigrò a 18 anni negli Stati Uniti d'America. A New York fondò il periodico *Il lupo*. Coltivò la forte passione per la poesia, in dialetto e in lingua, sul giornale umoristico *La follia*. Esordì col poemetto satirico *L'uominu russu* (Foggia, 1898), che gli procurò dei dissapori e un processo, per avere accusato Francesco Stocco, Giovanni Nicotera e Ferdinando Bianco di non valere un soldo. Sono da ricordare i suoi libri: *Trilogia* (Nicastro, 1901), *Viole e ortiche* (New York, 1906); *Accuordi* (Napoli, 1909), *Sorrisi* (New York, 1913 e ristampato nel 1914), *Peccati* (New York, 1914), *Lu calavrise 'ngrisatu* (Brooklyn, 1916, ristampato l'anno successivo a New York City), *Peccati* (New York 1916), *Musa silvestre,* (Catanzaro, 1930) *Accuordi e suspiri* (Catanzaro, 1930), *Rapsodia garibaldina* (New York, 1949). Il libro *Peccati e chiacchiere* non vide mai la luce.

Le *Poesie* sono state curate da Giuseppe Falcone e Antonio Piromalli. Antonio Domenico Chiarello ha curato e pubblicato le *Poesie ritrovate e l'Epodo oraziano secondo Michele Pane*. In questo libro, ricco di notizie, bozzetti campestri, memorie e di particolarità, Michele Pane, innamorato della terra che aveva dovuto abbandonare nel pieno della giovinezza, esprime in versi sentiti le condizioni di vita dei pastori, gli amori adolescenziali, le difficoltà dell'emigrato in terra straniera e la visione del mondo mutuata da Orazio, sulla cui scia raggiunge il culmine lirico, specialmente quando scrive che col corpo si trova in America ma con lo spirito vaga altrove:

> Maju addurusu mio fàmme tu sèntere
> 'n 'tra vota la notte i vriscignuoli
> e la matina 'e rindine e li passeri
> comu 'e sentiadi quannu eradi llà;
> fammi vidiri ancora 'ntra li tìcini
> de le piche e dde''e turture li vuoli,
> e 'scrusciu d'e funtane fammi sèntere,
> no' ll'u forte rumore 'e sta 'città.

Pane ritornò in Italia soltanto nel 1938 in occasione del matrimonio della figlia Libertà. Lavorò, ad Ohama e a Chicago, a martellare i suoi versi, tra l'indifferenza e lo sconforto, contro il parere espresso dall'artiere Giosue Carducci, che negò al genio creativo dei meridionali la capacità poetica (ma facendo salva l'attitudine alla filosofia), a scavare nella memoria personale e collettiva, di cui è tanta parte l'anima popolare. E così il canto di Pane si rivolge al popolo, dal quale è nato e partito. Al contrario di Carducci, Luigi Settembrini, nelle sue «Ricordanze», avvisò che in Calabria «l'ingegno schizza fin dalle pietre». Corrado Alvaro voleva conoscerlo da vicino e perciò dichiarò:

«Mi dispiace di non possedere una raccolta di Michele Pane; ma   lo leggo dove lo trovo, nelle antologie, nei numeri di qualche periodico regionale. Ho chiesto spesso di lui a chi lo conosce».

Michele Pane, dopo il contrastato esordio con il poemetto satirico *L'uomini russu*, fece pubblicare in Svizzera la raccolta *Accuordi*, che fu salutata da Don Luigi Costanzo con «inesprimibile sollievo», poiché essa conteneva, rispetto alla precedente raccolta, una più «forte e verace passione» e, soprattutto, perché risultava «tanto, tanto serena». Tale affermazione non negava, però, il dramma interiore del poeta, che si applicava al linguaggio calabrese, che per Costanzo «a nessun dialetto la cede in plasticità, in armonia e in nativa forza di espressione».
Il sentimento di Pane trascorre dalla *cuntraria sorta* alla fedeltà alla sua terra e ai miti della bellezza femminile e dell'amore. La Dedica suggerisce la metafora dell'albero spoglio di foglie e di nidi ma anche una presenza amorosa, che brilla come astro del cielo:

> Amure mio, 'sta vita pare n'àrvule
> quandu vene llu tiempu 'e pusterata;
> supra i rami 'un ha nidi cchiù chi càntanu
> e mancu frunde virdi tene cchiù:

sula tu, amure mio, cumu 'na pàmpina
d'èdera, affezionata sî restata
all'àrvule sfrundatu; alla cuntraria
sòrta restàsti a mie sulilla tu!

Attraverso la donna, Pane stabilisce un armonico rapporto
con la vita; anzi nelle strofe di «'E rose» egli conserva la
convinzione del perenne valore della poesia e vagheggia di
risorgere come persona attingendo da un'eredità di affetti
mantenuta viva dalla donna, che con cura innaffia le siepi di
rose:

Sienti: le troppe 'e rose
ch'àju chiantatu all'uortu,
dòppu chi sugnu muortu,
tuni l'hai de scippare,
e l'hai de richiantare
propu sopra la fossa,
dduve pòsanu 'st'ossa,
dòppu chi sugnu muortu.

E quandu a spampulare
'ncignanu li buttuni
me dinnu cchi fai tuni,
s'ancòre me vue bene;
me cùntanu le pene
chi 'nseme amu passate...

Cchi bella jardinera
fore d'u campusantu,
si venissi ogni tantu
tu ppe' ll'abbiverare...

Cchi sa! dòppu le avissi
tu tantu abbiverate
ccu' llacrime 'mpocate
o bella jardinera,
s'io pue me risbigliera
sentiendu lu tuo chiantu:
(l'amure è forte tantu)
chi sa s'io 'mbiviriscera!

Lo scroscio argentino delle fontane del paese risuona continuamente (*quintinu*) nel cuore di Pane, che negli endecasillabi delle ottave ricorre al tono colloquiale per ricordare le cose naturali e fondamentali del vivere quotidiano e non archiviate:

Sona 'ntra 'stu mio core e cce rintrona
lu scrusciu d'a vostr'acqua, o mie funtane
frische-frische; d'e Colle d'Acquavona
alle Addamare, alle Suveritane...
c'alle suprane colle l'acqua è bona!
Funtane delle mie Colle Silane,
lu vuostru scrusciu 'ntra stu core sona
duce, argentinu cumu le campane.

La luntananza lu fadi quintinu
ssu scrusciu vuostru, chi me vene 'ngenu;
vorradi essere Gianu mu 'ndiminu
o avire la dottrina de Galenu;
ppemmu 'ndiminu si sutta 'nu pinu
ssu scrusciu sientu 'n'atra vota armenu;
mu sacciu 'a medicina s'è chininu
chi pò 'sta greve, o puru s'è velenu.

Tantu luntanu 'e vue ed a lluocu stranu
io fuozi cundannatu d' 'u distinu!
m'argentinu m'arriva e chjanu chjanu,
funtane, u vostru scrusciu, allu quintinu.
Chjcu la capu alla parma d' 'a manu
e piensu all'aspru e lluongu mio caminu
ppe' m'abbuscare 'nu pane… de granu,
o funtane, d' 'e Colle 'e Riventinu!

Dopo trent'anni di lontananza Pane ritorna nella sua Calabria e vi resta, per un solo inverno, come uno sconosciuto. Poi riparte lanciando alla casa decrepita e solitaria l'ultimo saluto:

Vecchia mia casa, mi n'era venutu
- doppu trent'anni chi t'avia lassata -
sperandu mu cce passu riposata
'sta mia vita de zingaru sperdutu.

Ma se trovavi quasica assulata:
cchjù dde 'nu caru 'mbecchiatu o morutu,
cce stiezi 'na vernata dispiaciutu,
cumu 'nu scanusciutu, de passata.

Mò - persa la speranza de tornata -
cara, te mandu l'urtimu salutu:
me resta 'stu ritrattu tue, ch'è mutu,
povara, duce casa mia, sciollata.

Carmela è la manganatrice che al telaio rifiniva i tessuti di
lino per avere una superficie compatta e liscia. Ora che il
suono del mangano è scomparso dall'Adami, Pane vuole sa-
pere chi potrà rendere felice la donna come in quella notte
d'estate adornata di stelle. Egli più non può farlo: si trova
in America e la sua anima brucia e si uncina a un tormento
psicologico-sentimentale, che contribuisce a digressioni dedicate al paesaggio e al ripiegamento su di una piacevole
storia giovanile, che sospinge verso interrogativi e riflessioni
che rimbalzano nella mente come eco di una irrecuperabile
felicità:

Vòrra sapìre mo' si quandu scòccanu
due ure doppu menzannotte sienti
'mbersu l'Addàme li cani ch'abbajanu
- comu quandu passavad'io, Carmé!
- Vòrra sapire s'addimandi all'àriu,
alla luna, alli stilli ed alli vienti

ccu' chilla vuce tua ch'èdi 'na musica:
'U 'nnamuratu mio moni duv'è?
Èdi luntanu assai, ma sienti, crìdilu:
sempre l'anima sua vicina t'è.

Ti 'nd'arricùordi quandu ne brigàvamu
e dòppu ne facìamu nue l'allùtta?
Tu jettave l'anchella, io te stringìadi
comu tinaglia, o mia duce Carmé!
Com'eri tosta! 'un te volìe mai arrendere
'nsinca chi nun m'avìe misu de sutta;
doppu vattìe le manu e dicìe rìsule:
lu malandrinu mio guarda chin'è!
Mo' sû luntanu assai, ma sienti, crìdeme:
sempre 'st'anima mia vicina t'è.

Fòrra cuntientu si 'na sula làcrima
te sberrassi ogni tantu 'ntra lu linu,
pensand'a mie chi sugnu 'ntra la Mèrica
- 'na terra chi de màngani nun sa! –
Fòrra cuntientu si ssu core tènnaru
parpitassi pp'e mie dintra ssu sinu
- comu 'na vota - e comu ssu tue mànganu
facìssi sempre: Tip-tuppi-tà!
Cà si sugnu luntanu, 'ntra la Mèrica,
sempre vicin'a tie 'st'arma mia sta!

Luigi Costanzo, che fece il Provveditore agli Studi di Cosenza, definì la poesia di Michele Pane *poesia della lontananza e, perciò, essenzialmente nostalgica ed elegiaca*. Così pare, ma bisogna tenere presente che la parola poetica per Michele Pane diventa un distillato di evocazioni e di ripetuti ritorni memoriali al luogo d'origine con tono quasi ossessivo. Ammaliato ancora dagli occhi neri e magnetici della donna, egli non riesce a sciogliere il nodo che s'è formato negli anfratti della memoria:

Ss'occhiuzzi niuri tui sû strallucienti,
spierti all'amure e all'arte de li 'ncanti;
hannu la calamìta dei serpienti,
sû malandrini cchiù dde li briganti;
ss'occhiuzzi nìuri tui strallucienti.

Io me li suonnu ss'occhiuzzi dormiendu,
l'haju sempre davanti caminandu;
si mangiu o vivu, si staju scriviendu
vijiu ss'occhiuzzi tui de cuntrabbandu;
io me li suonnu ss'occhiuzzi dormiendu.

Ognunu chi ss'occhiuzzi tui hai viduti
prubbicamente pue l'hadi avantati
e ha dittu: 'ncuna fata l'ha perduti
e chissa mariòla l'ha truvati;
l'hadi avantati ognunu ch' 'a viduti.

Sunu le finestrelle de ssu core
- dduve l'affrittu 'e lie vòrra trasire; -
ma sû pìcciule ed io riestu de fore
e tu ssu core nu' llu vue aperire;
sunu le finestrelle de ssu core.

Pane ha paura di perdere, per il «brutto destino» di emigrato, l'affetto della donna e interroga il cuculo, dal caratteristico verso in due toni, che gli risponde di abbracciare la solitudine e di affrontare la morte, che per lui sarà più dura e amara:

Fàllu ppe' carità, biellu cucùlu,
(suspirandu le dissi l'àutra sira)
'sta vita amara, dimme, ancore tira?
muoru ccudd'illa, o sulu sulu sulu?
Rispose: - Priestu, allèstate la cira!
cucù, cucù, cucù
sulu hai 'e murire, 'un c'è cchi fare cchiù! –

Si lu cucùlu 'ngarra, anima mia,
si ccussìdi ha dde fùrnere 'sta sorte,
quand'è vicina l'ura de la morte
ppe' 'un te lassare m'abbrazzu ccu tia…
quand'è vicina l'ura de la morte!
cucù, cucù, cucù
l'hai a piacire mu muori puru tu?

Il suono dei tamburi nei giorni di festa provoca una viva
gioia modulata in versi sonanti e in reminiscenze onomato-
peiche derivate da Vincenzo Padula, da Giovanni Pascoli e
dai poeti simbolisti europei:

Quand'alle feste venìano i tùmbari
currìamu lesti nue all'affruntare:
(o cari tiempi, tornati cciù?).
O cchi allegrizza, quandu sentìamu
'ntra li cavùni nue rintronare:
bràbita brùbiti, bràbita brù!

Due vote l'annu venìanu i tùmbari
alle due feste de lu paìse,
(ch'a tantu tiempu nun viju cchiù),
a San Rafaele ed allu Càrminu;
io tiegnu ancòre le ricchie tise
a chillu suonu: bràbita brù!

Li mìegliu tùmbari eranu chilli
chi a nue venìanu de Pittarella,
(tumbarinari fini sû là)
cà miegliu d'illi, mannaja puru,
chi la sunàvadi la tarantella?
bràbita brùbiti, bràbita brà!

Quand'arrivàvanu dintra l'Addame
l'aggradiscìanu propu li galli,

(chi rispundìanu: chicchirichì!)
li piedi a tutti furmicijàvanu
e lla tenìanu una l'abballi
e 'ncùna mamma dicìa ccussì:

"Gioja de màmmata, figliu, 'nun chiàngere
sienti li tùmbari: bràbita brà!
avanti 'a gghiesia suni chi sònanu:
bràbita brùbiti, bràbita brà!

Si tu nun chiangi, core de màmmata,
pue ti cce puortu io 'vanzi llà;
o quanti gienti cce sî ch'abbàllanu!
bràbita brùbiti, bràbita brà!

Stasìre, sienti, cce sû lli frùguli
e lle carcasse chi fannu: ttrà!
Biellu, nun chiàngere, sienti li tùmbari
e lla grancascia: brìbita brà!

Ed accitàvadi, cumu ppe' 'ncantu
lu quatrariellu, nun chiangìa cchiù,
cà chillu suonu potìadi tantu:
bràbita brùbiti, brìbita brù!"

A tantu tiempu mo' nun ce vènenu
cchùdi li tùmbari, sû dissusati;
(è llu prugressu chi 'n ci le vo'!)

moni alle feste vene lla musica
e dde li tùmbari se sû scurdati
tutti i Gambuni, ma io sulu no!

Gli endecasillabi di «A menta» rivelano, come gli echi della
ballate e dei sirventesi, «pieni di forza e di soavità», l'animo
di Pane che passa per un rubacuori:

Io te dicìa: pperchì sî fatta lenta
e stai tu culerusa e cchiù nun canti?
Cchid'hai patutu, diceme, cchi fu?
- Haiu adduratu a 'na troppa de menta,
l'ùomini 'nnamurati sû briganti,
ma 'u capu d'illi, crìdeme, sî tu!

Ed io ridiendu rispundìa: cchi cunti?
Tu sî lla malandrina chi nun sienti,
chi nun cridi 'e mie pene, oi Tiresù!
Tu chi pruminti sempre mari e munti
e allu stessu mumentu te ripienti,
'a brigantòla mia, cara, sî tu!

E sî lla maga chi 'stu core 'ncanta,
tu chi tieni l'adduru de la menta,
tuni chi mari e munti me pruminti
e quand'è ll'ura pue nun sî mai pronta,
tuni chi sî lla luce de 'sta frunte
'a latra de lu core miu sî tu.

Haiu adduratu a 'na troppa de menta,
'a brigantòla mia, cara, sî tu!

La vecchietta di nome «Tora» è una figura luminosa nel buio purgatoriale della vita. Davanti alla vampa del focolare, racconta la ribellione dei poveri briganti e il loro possesso di un tesoro con una chioccia con il pulcino d'oro, balli di fate e di maghi intorno a tronchi di faggi, che esemplificano meglio il tessuto fiabesco che si sfilaccia nella memoria e si ripassa nelle quartine come i grani del rosario recitato in una speranzosa aura familiare. È il «piccolo capolavoro» di Michele Pane, di cui il poeta Nicola Giunta ha testualmente scritto:

«È la sua cosa più bella, la poesia dove l'estro suo si affina e la parola si versa spontanea e la forma ne esce esatta, ad una temperatura giusta (…). La mano del Poeta in questa lirica si fa leggera, pare che egli scriva in aria, anzi pare che Tora sia del tutto come certe figure del Fucini, le quali, più che coglierle sulla carta del libro, si colgono nella voce dell'Autore».

Quandu lu viernu cc'era
la vuòra fridda e jazzava,
chilla bon'anima cara de Tora
pped'ogni juornu ne visitava.

Vieniadi priestu la vecchiarella
affezionata,
e ne portavadi 'na sarcinella
ppe' ni 'nde fare nue 'na vampata.

E certe vote me dicìa: - Caru,
te' l'ovicelle; sû puocu, figliuma, cà mò scacarû
(le vijad'ecate!) le gallinelle -.

Tora passava forse ccu' ll'anni la novantina,
ma non sapìadi cchi sû malanni,
mai avìa provatu una medicina.

Dìcica fòdi de 'sti cuntuorni
la cchiù pulita
alli sui tempi: (vòlanu i jurni
bielli d' 'a nostra povara vita!)

Er'arriddutta 'na croccarella
moni 'ntostata;
restàte l'eranu l'ossa e lla pella
e avìa lla facce tutt'arrappata.

'Mperò teniadi illa lu core
sempre gentile;
'nu core tènnaru tenìadi ancòre
cumu 'nu friscu gigliu d'aprile.

Pàrca la sientu mo': - Bontrovàti!
Vue cchi faciti?
Vue comu stati? Vue comu stati?
'stu friddiciellu nu' llu sentiti? -

Nue rispundìamu: Bonavenuta!
Lestu allumàmu: pperchìdi, o Tora, te sî perduta?
Mò ven'assèttate, ca ne scarfàmu.

Ella sedut' allu vancariellu
d' 'u focularu, pue me dicìadi: «Figliuma biellu,
ti cce fai prievite? Figliuma caru,

fattìcce prievite, cà tu cce mieri
pperchì sî biellu;
nu' stare a sèntere ss' 'autri livrieri,
tu t'hai de fare 'nu parachiellu,

pure me dici 'na missicella
quandu pue muoru;
rifrischi l'anima d' 'a vecchiarella
ch'è 'mpurgatoriu, duce ristuoru!

«Quandu te minti la suppellizza
arricamata,
pue piensi a Tora, noni bellizza?
La vecchiarella tandu è orvicata».

«No, parla d'àutru, oi Tora mia,
a mie perduna;
lassa li prieviti alla sacristia,
'mpàrame, 'mpàrame tu 'na canzuna;

cà pue la cantu io a 'na quatrara
ccu' lla catarra,
quandu me fazzu 'rande: m'è cara
cchiù 'na furracchia, ca la zimarra.

E 'un de parrare, nun de parrare
cchiù de morire,
cà si tu muori, com' àmu a fare?
le rumanzelle chi le sa dire?»

Io le dicìadi, ed illa 'ntantu
- ccu' pizzarrisu -
me rispundìadi: - Te vija santu,
'nu santariellu d' 'u Paradisu! -

E me cuntavadi tante passate
de li briganti:
- A Reventinu cce sû le fate…
- dicìadi sempre - 'nd'hanu brillanti! -

Ed appuggianduse pue la cunocchia
supra lu sinu
dicìadi: - Puru cc'èdi 'na jocca

ch'àdi de uoru 'nu pulicinu

e gira sempre dintra li faghi,
dduv'è orvicatu
lu cchiù putente riccu dei maghi
ccu' lli trisuori; cc'è 'nu ligatu:

ca s'unu 'a jocca, o lu pulicinu,
pòdi mu 'ncappa,
chillu trisuoru ch'è a Riventinu,
resta pue ad illu; ma chi l'acchiappa!...

O Tora, o Tora, requiemmatèrna
mo' chi sî morta!
Pperchì nun tuorni cchiù quandu 'mberna?
Ti l'hai scordata la nostra porta?

Pperchì nun vieni
cuomu solìe?
Nue, ad ogni 'mposta de lu rusaru
chi dice: Mamma, pensamu a tie.

E Mamma, Mamma mia bella, dice
ch'ere 'na santa; e sempre sempre te benedice
sî te ventùma sempre t'avanta.

Ma tu nun sienti cchiù, cara Tora,
nun sienti 'u ventu;

nun tuorni quandu mina la vuòra
e duormi 'mpace 'ntra' 'u campusantu!

La poesia qui non è un testo funebre tradizionale, né una
lamentazione, ma un inno a Tora, una persona cara e indi-
menticabile per la sua umile e lunga vita e per la sua fede
religiosa.
Nella raccolta *Peccati*, la vena umoristica del componimento «Cuntrattu» si unisce a un respiro poetico non corto:

Nun gàrru a fare 'nu grubu a 'na pitta
cà 'u core sbatte mo' ppe' 'na brunetta;
mo s'è 'mpizzata 'mpiettu e mi l'abbrìtta
e mi lu scòtta cumu 'na coppètta,
e 'un gàrru a fare 'nu grubu a 'na pitta!

Oi frate, cchi fravetta ch'èdi! Jetta
vampe de l'uocchi, pièju de n'a gatta;
peccatu ch'è cattiva; ma 'na schetta
ppe' lli tratti e llu trùottu nun' ll'appatta;
oi frate, cchi garrietti ha 'sta muletta!

Hadi 'na capillèra niura e fitta
e cchi pumètte belle e cchi pagnotte!
Io la vaju appostandu, ma me sbrìtta
cumu 'na vurpe, prima de li botte;
io la vaju appostandu, ma me sbrìtta.

Lu maritu, ppe' jire a Serrastrìtta
troppu allu spissu, le murìadi sfattu;
le lassàu 'nu mulinu e mo' 'sta affrìtta
l'ha chjusu, cà nun c'è 'n'ùominu adattu
mu lu 'ntrimòja e sburga lla sajìtta.

Brunette', lu facìmu nue 'nu pattu?
Dùname lu mulìnu a mie 'n'affittu:
sû viecchiu mulinaru adattu e 'sattu
e ogni notte 'nu tùmminu de vittu
t'accìerti curmu: vadi la cuntrattu?

Haju cantatu a 'nu jurilli affrìttu:
azzètta chistu pattu, o mia brunetta,
e àji voglia 'e viscùotti, s'hai pitìttu!

Il mondo della metropoli è *scuro scuro* e Pane aspira a tornare all'antico costume, alla fonte cioè della sua poesia popolare, accaparrata da pene e tribolazioni, ma anche da avvenimenti epici, scrosci iridescenti, da incantevoli paesaggi, da soave musica e limpido cielo:

Che val per me se in questa gran metropoli
Vi sian cose giammai da me sognate?
Ponti sul mare come quei di Brooklyn,
Palagi in marmo e ferrovie elevate?

Che importa a me se ne la Baia d'Hudson

Giungan navi ogni dì da tutto il mondo,
Quand'alla vita e al moto io resto estraneo
E tra la folla sembro un moribondo?

Che val per me se nell'immensa America
Ci sian miniere inestinguibil d'oro,
Quando non vedo mamma e il fiero Atlantico
Mi separa da Lei, ch'è il mio tesoro?

Dove sono i miei monti coi pinnacoli
Che si slanciano al ciel terso e turchino
E con le falde popolate d'eriche,
D'immani faggi come Reventino?

Dove sono i tranquilli, i dolci, i taciti,
I candidi, tra 'l verde, bei paeselli
Sparsi sui greppi de la mia Calabria
Quai cari branchi di sperduti agnelli?

Dove son le pianure che mareggiano
Al vento lieve con i verdi grani,
Le fresche fonti e i molin che crosciano
Per le pendici all'ombra dei castani?

Dove sono i vigneti che s'arrampicano
Su per le balze, dove son gli ulivi,
Dove gli aranci con le aulenti zagare,
Le siepi di ginestre e semprevivi?

Dove le spiagge del Tirren, dello Ionio,
Dove le selve di limoni in fiore?
Qui non sono usignoli che addormentano
Tra i sospir de le rose questo core.

Dov'è la terra che ricorda gli epici
Fatti del Quarantotto e del Sessanta,
Dove l'amore e l'odio non han limiti
Dove il cielo o il mar sfavilla e incanta?

Dov'è la pace, quell'arcano balsamo
Che lenisce del cor ogni ferita?
Dov'è la Musa mia tanto benevola,
Ditemi un po'; dove se n'è fuggita?

Oh la tristezza del mio cor che sanguina,
Pensando al suol natìo cui sempre anelo!
Oh l'ansia forte, immensa, indescrivibile
Di rivedere il mio splendido cielo!

I versi di Pane descrivono luoghi, situazioni e immagini familiari con meravigliose pennellate, che rivelano ricordi vissuti e sempre vivi davanti agli occhi. L'aggancio al mondo contadino più che storico è mitico. Il mito è una forma di pensiero, una narrazione che oltrepassa le ardue frontiere per ripercorrere le strade comuni che portano a una natura graziosa e a una vita sana, che non si negano alla nitidezza della rappresentazione e alla trasfigurazione poetica. A volte il mito crea alcune immagini statiche ma genera anche il sogno della rinascita.

> «Già la nuova progenie si cala dall'alto del cielo…e le
> dure querce stilleranno mieli fragranti di rugiada;
> *Jam nova progenies coelo demittitur alto…Et durae quaer-*
> *cus coelo sudabunt roscida mella.*

Pane va alla ricerca di ciò che ha perduto negli Stati Uniti d'America: le radici della sua terra e l'identità personale. In tale situazione la sua anima è sola e fragile; rivuole la speranza, una ragione di vita in più, un appiglio nella realtà sociale che per necessità egli ha dovuto lasciare.

La poesia gli tende una mano per ricomporre, attraverso il dialetto, la materia frammentaria e poetica dei ricordi, per reinventare e ritrovare il mondo di passioni e di affetti semplici e duraturi, sottrattogli dalla condizione di emigrato, in cui s'inacerbisce la solitudine cruda e nuda dell'uomo costretto a vivere oltreoceano.

Quand'egli dovette lasciare il paese nativo e andarsene in terra straniera e sentire più pungente la piaga della solitudine, il ricordo del tepore e dei colori della natura in primavera e l'amore di patria, allora egli diventò un poeta autentico.

> Maju addurusu, tu chi 'mbuochi l'arvuli
> de llu culure biellu d'a speranaza,

rinvirde 'u core mio chino de trivuli,
fàllu sonnare 'n'atra vota tu!
'mbolicamillu ccù pàmpine tennare,
frische de l'acquazzina - com'è usanza -
ppè sanare le chiaghe chi lu vrùscianu,
ca nulla medicina cce po' cchiù:

Maju addurusu 'e menta e dde papaveri,
de sulla, de murtilla e nepetella,
fàmme tu risbigliare dintra st'anima
tutti l'adduri d'a mia gioventù;
famme pensare sempre sempre a màmmama
a chilla cara, santa vecchierella
chi m'aspetta, suspira, chiange, spantica
pperché se spagna ca un tuornu cchiù.

Maju addurusu mio fàmme tu sèntere
'n'atra vota la notte i riscignuoli
e la matina 'e rindini e li passari
comu 'e sintiadi quannu eradi llà;
fammi vidìri ancora 'ntra li tìcini
de le piche e dd' 'e turture li vuoli,
e scrusciu d'e funtane fammi sèntere,
no' llu forte rumore 'e 'sta città.

Pane, più che andare alla ricerca del tempo perduto, lavora alla fortificazione d'una scelta di vita ineludibile. E sceglie di far luce sui destini trascorsi e di riappropriarsi delle tradizioni, vale a dire del patrimonio morale, civile, culturale di cui è stato espropriato.

Egli si porta dentro una forte passione civile, che ha i connotati di continuità e di congeniale ricerca di radici. E anche il suo canto, benché sia parzialmente visto come elegiaco, ossia triste, s'irrobustisce d'impegno etico e di rivendicazione dell'identità personale. In tal modo, egli ristabilisce un'ideale continuità con la Calabria, che si porta nel cuore.

Fra le liriche più significative di Pane è «Spartenza», inclusa nella raccolta *Accuordi e suspiri*, dove il canto non tanto punta all'elegia, quanto alla rappresentazione d'una filosofia spicciola, concreta, pragmatistica, che consiste nel non recidere mai la corda che si unisce alle persone amate e alle cose care. Solo apparentemente egli si saluta e si distacca dalla donna amata, che lo abbraccia e fra i singhiozzi tenta inutilmente di farlo tornare indietro sulle sue decisioni e sui suoi passi. Pane va in America, ma il cammino della sua fantasia poetica e dei suoi ideali procede contromarcia, verso il punto di partenza. Ed eccolo in balìa del tempo e delle memorie, senza macchia di colpa; è una situazione difficile, quasi di naufragio esistenziale. Allora, a posto delle facili consolazioni, egli escogita, per mezzo della poesia dialettale, il ritorno alla Calabria reale e insieme mitica, per godere quello che Giuseppe Ungaretti ha chiamato «un solo minuto di vita iniziale».

Ed ecco come la vicenda si arricchisce di pathos nelle sestine di «Spartenza», che ha doppio significato: di partenza e di distacco fisico.

Io la ricùordu sempre chilla sira
chi me vinni de ti' a licenziare:
tu me guardav' e nun potie pararre
e la facciuzza tua parìa dde cira;
parca te sientu mo' sugliuttiare…
Io la ricùordu sempre chilla sira.

Stemme 'nu biellu muòrs'a cor' a core
('u tue cor' e llu mio sbattiano forte)
si tandu fossi venuta la Morte
ppe' tutti dui! la gente, pue, de fore
averra ddittu: Mera me', cchi sorte!
Stemme 'nu biellu muòrs'a cor' a core.

Io vrusciatu d'amure te vasai
ssa vucca pittirilla de granatu;
oh l'alitu e ll'adduru d' 'u tue jatu!
le tiegnu 'n core, cà cci l'orvicai,
e 'nd'è passatu 'u tiempu, 'nd'è passatu!
Io vrusciatu d'amure te vasai.

Tuni tremavi cumu rindinella
'ntra le mie vrazza; te sbattian' i dienti;
le lacrime de ss'uocchi strallucienti
facìanu, cara mia, la funtanella
e me dicìe: ripìentite, ripienti…
Tuni tremavi cumu rindinella.

Te dissi: statti bona! pue fujìvi.
(o cchi notte scurusa senza luna!)
de luntanu gridai: suorma, perduna!
E tu d'a finestrella m'allucivi,
e rispundisti a mie: Bona furtuna!
Te dissi: statti bona! pue fujìvi.

…Doppu tant'anni, de luntana via,
ancòre torna a tie l'anima mia!

Ora la tendenza s'è invertita: chi resta (la donna) nobilita
l'amorosa attesa col pianto; chi fugge (il poeta) ha un'anima
troppo vigorosa per farla appassire nei languidi sospiri. Può
sembrare strano ma è così: il simbolo della rondinella in
questa poesia decadente non è Pane che se n'è andato via,
ma la sua amata che resta e con trepidazione afferma la sua
malasorte.
Michele Pane è certamente cantore di teneri amori; ma alla
voce della malinconia egli aggiunge il valore poetico della
famiglia, delle figure e dei gesti fraterni, della vita modesta e
tranquilla, delle feste paesane, dei desideri quotidiani, e la
capacità di collegarsi idealmente con il «Borgo» gentile e
con l'amoroso ritratto della sua gente.

Il mio borgo natal si chiama Adami
ed è una forte rocca che non teme
i tiranni del mondo uniti insieme,
ché sempre ha vinto i don Rodrigo infami.

Sovra il suo suolo nascono i ciclami
e de la libertà germina il seme;
tra le sue siepi 'l pettirosso geme
e dolci gli usignoli fan richiami.

S'io potessi trovar novella rima
per lodare d'ogni alber suo la chioma,
ogni comignol suo che lieto fuma!

Pur se il rude mio verso non profuma
te, borgo mio gentil, sappi che in cima
ai miei pensier tu stai, qual fosse Roma!

La lirica di Pane ha la serietà e l'impegno del racconto epico, nel quale si evidenziano le cause del mito e della libertà;
non a caso, la sua figlia ha il nome di Libertà, messaggera di
amore e di dolore:

Quandu sienti sonare mattutinu,
zumpa d' 'u liettu, spalanca 'u barcune,
saluta 'u sule chi d' 'u Carigliune
s'auza maestusu allu cielu turchinu.
Oh quante vote d'àdi salutatu,
quand'era virde … (ma…quant'anni fa?)
papà tuo ch'è imbecchiatu, no' cangiatu
e resta «calavrise», o Libertà.

Vittorio Butera, nella «Staffetta», dedicata a Michele Pane, raccomanda a Libertà di non lasciare inascoltato, nell'inarrestabile mutamento dei tempi, l'esempio di suo padre, che è rimasto fedele alla terra d'origine e alla sua indole più profonda, vale a dire a un sentimento della vita, doloroso e tenace, che è il tesoro della poesia dialettale.

> A mmie me ride 'n core 'na spiranza
> E pparca sempre cchiù mi ci abbicinu.
> Me pare dde sintire 'na fragranza
> De campi a ggranu simminati e a llinu.
> E cchi rrispigliu de mimorie care!
> S'è 'nnu suonnu, lassàtime sunnare!

La poesia di Michele Pane, che non è solo un «dono» ma anche un impegno, ha tutti i titoli per comparire fra le esperienze ancora vive nella nostra società. Nel sonetto della «Controra» egli nel gran silenzio osserva molta gente «sacrificata per la mietitura»:

> È la controra: io guardo mestamente
> Da la finestra giù ne la pianura
> Lo stuol dei mietitori che la dura
> Opra continua, sotto 'l sol cocente…

> Falciate, o mietitor, falciate…il canto
> Vostro saluti la novella aurora,
> Annunziatrice del gran giorno santo.

La fresca poesia di Pane la sentiamo nel pensiero vincolato alla terra di Calabria, nella trattazione delle problematiche sociali; nella rivendicazione della libertà dallo sfruttamento, dalla marginalità, dalla violenza; nell'evocazione delle sue sofferenze di emigrato. Pasquino Crupi scrisse che Michele Pane «possiede l'empito della *protesta* sociale, che aveva graffiato le pagine di Antonio Martino e di mastro Bruno Pelaggi».

Pane ha un punto di partenza e uno d'arrivo; il primo lo rende, per così dire, cantastorie, il secondo è il paese che ispira il canto dell'anima. Egli vive nel fumo e nel frastuono di Chicago ma è restituito, dalla freschezza creativa della poesia, a un mondo solidale e ricco di valori, dove si deve combattere una battaglia ideale, non privata e né inutile.

L'antropologo Ernesto De Martino chiariva il legame intimo tra autobiografia e società:

«Coloro che non hanno radici, che sono cosmopoliti, si avviano alla morte della passione e dell'uomo: per essere provinciali occorre possedere un *villaggio vivente nella memoria*, a cui l'immagine e il cuore tornano sempre di nuovo, e che l'opera di scienza o di poesia riplasma in voce universale».

L'America, dunque, è il gigantesco teatro dove si consumava con maggiore franchezza il dramma di Michele Pane e quello collettivo. Sulla sponda opposta c'è la Calabria, il mondo interiore del poeta, la terra dove assaporò la gioia nell'età più tenera e poi perduta, ma non umiliata.

La Calabria è il simbolo delle buona gente, di figure e radici ingigantite dall'umiltà, di armonie interiori che non si lasciano vincere dall'insensibilità, dal tornaconto e dall'affannoso vivere cittadino. La Calabria di Pane è una realtà interiorizzata, animata da luoghi e persone che non agiscono o scrivono a freddo.

> E nudu, ma liberu spiritu,
> -'nu jurnu - me còglie lla Morte;
> ma lindu de màcule e fràudi,
> mai saziu de libertà.

La lingua dialettale di Pane non conosce evoluzione, arrestata dal cerchio stringente della lingua inglese, con la quale si delucida un destino fissato nell'infanzia e scoperto nella maturità.

Per Cesare Pavese, coinvolto suo malgrado, per i suoi rapporti con una donna militante nel Partito Comunista clandestino, in attività sovversive, fu condannato al confino a Brancaleone Calabro. Carlo Levi espresse nel romanzo *Cristo si è fermato a Eboli*, il suo rapporto con la realtà meridionale servendosi di una scrittura singolarissima, oscillante tra l'annotazione diaristica e il reportage antropologico:

«Chiuso in una stanza, e in un mondo chiuso, mi è grato riandare con la memoria a quell'altro mondo, serrato nel dolore e negli usi, negato alla Storia e allo Stato, eternamente paziente; a quella mia terra senza conforto e dolcezza, dove il contadino vive, nella miseria e nella lontananza, la sua immobile civiltà, su un suolo arido, nella presenza della morte».

Mentre Carlo Levi trasformò il suo confino in un'occasione d'intenso rapporto umano ma anche culturale tra l'intellettuale piemontese e i contadini lucani, Cesare Pavese visse il periodo del confino calabrese con cupa accidia, per cui considerò la Calabria come un luogo che non soltanto stimolava un rapporto di diffidenza ma allargava ulteriormente la sua sofferenza esistenziale e il «vizio assurdo». Pier Paolo Pasolini vide la Calabria come una terra abitata esclusivamente da *banditi,* la quale aveva generato inoltre una letteratura accademica e cieca agli aspetti «tremendi o semplicemente reali». Poesia di *evasione* egli definì la poesia calabrese aggiungendo che Michele Pane, che più degli altri contemporanei aveva *le doti poetiche*, non riuscì a dare del suo paese «che un'immagine scialba, dentro gli schemi di un facile romanticismo e del pascolianesimo». Pasolini parlò male di Cutro dicendo:

«È veramente il paese dei banditi. Si sente, non so da cosa, che siamo fuori dalla legge o, se non dalla legge, dalla cultura del nostro mondo, a un altro livello».

Poi egli rivolse un'altra accusa alla società dei consumi, che consente la perdita del dialetto e rappresenta «uno dei momenti più dolorosi della perdita della realtà». Pasolini fu trascinato in tribunale dai calabresi per «diffamazione», ma poi fu premiato a Crotone per il romanzo *Una vita violenta*, che fu giudicato «una denuncia d'un mondo residuale all'Italia del benessere».

Michele Pane non perde mai di vista la realtà e il suo rapporto carnale, oltre che ideale, con essa e strenuamente difende i valori in cui è stato educato e in cui crede. La Calabria è una terra povera ma vicina al cuore del poeta, che riascolta l'eco fraterna alla pena comune degli uomini. È il forte richiamo che mette in moto il *canto della vicinanza* - a Luigi Costanzo era invece apparso il «canto della lontananza» - e, direi, *a tutto fiato*.

POESIA LIRICA DI FRANCESCO NIGRO IMPERIALE

Francesco Nigro Imperiale (Cosenza 1939 - ivi 2016), laureato in Lettere e in possesso del Diploma di Perfezionamento nelle Materie giuridico-amministrative, saggista, critico letterario e teatrale, è incluso nell'antologia *Profili critici di scrittori contemporanei* e nella *Storia di Cosenza da luogo fatale a città d'arte*. Organizzatore dei premi *Crathis* e *San Bernardo*, ha curato gli scambi culturali italo-canadesi e si è occupato di dialettologia. Ha tradotto in calabrese alcuni canti della Divina Commedia» e l'Eneide di Virgilio Marone. Membro onorario dell'Accademia Columbian di Lettere di Saint Louis e socio dell'Accademia Cosentina, è autore del glossario comparativo dialettale *Favelluzze*.

Ha scritto poesie in lingua italiana e in dialetto con disposizione al dolore ma sempre con l'animo incline alla lirica, alla satira intelligente, alla commedia. Alla poesia consegnava il suo mondo interiore e le problematiche della terra d'origine con le ansie di una vita cui egli tentava di rubare un sorriso e una speranza di riscatto.

Non è più tempo di fantasticherie - egli diceva - né di vecchie consuetudini o d'illusioni, ma di un nuovo ordine e di preziosi slanci per rimarginare le lacerazioni e cantare l'amore, che egli definiva «maestro di musica», incantesimo di poesia, traslazione in cielo di Selene. Divorato da inesausto desiderio di serenità, immergeva il suo cuore in affetti non menzogneri toccando i fondali della realtà con tratti di grande commozione e di genialità.

Amava intensamente la Sila, dove trascorreva le vacanze estive, nella quale l'ombra è «volo di sparviero, ala nera di corvo, corsa di tasso nella notte senza luna, salto di scoiattolo, voce di lupo, sussurro di tormenta, ritmica schiuma di fiumara, tinnio di mandrie, canto di pacchiana, amore silvestre, pace».

Nella raccolta *Ousìa* (Rose, Barcello, 2007) dal significato greco di ente, le laceranti memorie personali, il dolore paterno e il vuoto lasciato dal figlio Gregorio, le occasioni sprecate, lo sgomento sono bilanciati da un «disegno di luce», dal sogno ricorrente di un Angelo, dall'ansia di cielo, da coreografie di chitarre e di uccelli, dalla meditata relazione tra il divenire eracliteo e la percezione dell'eterno.

La lirica «Tramonto Sanlucidano» nelle parti più belle riflette impressioni vaporose, elementi pittorici, la metafora della poesia-luce che illumina il buio della sera.

Lontano, laggiù
appena un tremolio d'onda
qualche indefinito
guizzo in alto: sono
"sogni-anime" che ritornano
silenti pensieri
vibranti sospiri di ieri;
ritornano e se ne vanno,
a risciacquo di risacca!

Con loro si fa buio:
splash!

Il suo sguardo lucente s'incanta ancora alle «cromatiche tinte» dell'aurora, mentre balena un consolante canto di fede:

Ai fulgori di gloria ti grido:
mio Dio, mio Dio sei Amore!

Nelle asprezze e nelle sofferenze della vita egli si richiama a una ragione spirituale e ai valori che danno all'anima momenti di dignitosa serenità:

Amare bisogna la quiete;
pensare che il tempo-cometa
già fugge, non resta che creta
ansante la corsa, la meta.

Osservatore non comune della realtà sociale e culturale, si rivela capace di colpire, con mano ferma, e di castigare i costumi, con chiarezza di visione, mettendo in luce, aldilà degli accenti divertiti, la fermezza del suo ingegno sagace e costruttivo. Il linguaggio poetico è sempre fresco, evocativo, sano, metaforico, ironico nel disegno e nell'ispirazione.
Un'altra raccolta di liriche *A mezza luce* (Rose, 2009) comprende poesie portatrici di memorie, di note autobiografiche, di emozioni intense, d'invocazione e d'amore. La pri-

mavera è la stagione dell'incanto, dei lampi di gioia, dei primi innamoramenti, dei segreti degli anni più belli.

Una canzone.
Danze notturne.
Primi bollori.
Fantasie...
Il nostro segreto
adolescente che volteggia
riti effimeri
di cromatiche girandole.

La visione della natura è architettata a suo modo nel gioco della fantasia, quasi un'Arcadia rivisitata, dove mozza il fiato anche la presenza del cane, che lo accompagnava durante le battute di caccia, in tutte le ore, lungo i calanchi, i lentischi, le marcite, i roveti, le campagne punteggiate di verde e di giallo, di corbezzoli in rosso; ma alla fine, con la morte del cane Nelly, volano via le pagine della «Vita-Sogno». Se n'è andato via pure Snoopy, dal musetto duro e dal «dente sghembo», consegnato ad un nuovo padrone e trovato morto sul divano, non senza un po' di rimorso per l'austera coscienza di Nigro Imperiale. Si trova nel cerchio familiare il poeta al migliore livello del suo sentimento e delle facoltà estetiche e morali.

Il taglio religioso è la rappresentazione o ripresentazione della Croce, con linguaggio semplice, d'immediata percezione, e versi scolpiti, inscritti non nella pietra, ma nella mente e nel cuore. È un'altra prova della tenuta della parola "chiara", esondante d'immagini creative e di figure memorabili.

Francesco Nigro Imperiale è poeta nel cuore, anche quando pensa all'«ora che s'imbigia», al «fiato» della violenza che avanza, alla vita che passa, e avverte l'impulso di allontanarsi «come i delfini». Egli ritrova, con il suo verso libero, con le sillabazioni e le essenzialità liriche, con le esplosioni ricche di respiro memoriale, con le presenze affettive, il senso del reale, una sorta di sinfonia spirituale tanto nella famiglia quanto nella società civile.

Nelle sue liriche c'è il forte e concreto respiro che sboccia, come fiore di aquilegia (che rappresenta una metamorfosi mitologica), da una sempre più visibile e sofferta umanità.

Francesco Nigro Imperiale restituisce valore poetico alla storia con il *Canzoniere 2010*, in cui i versi, a rima baciata, non sono mai artificiosi, proprio perché sono più vicini alla realtà della vita e privi di ogni concessione declamatoria.

La raccolta *Enharmonie-Lyric poetry*, che si articola in quattro sezioni: «Verrà la notte…insonne», «Ruit hora!», «Sufficit?», «Pampinèlle calavrìse», è colma di ricordi, di calore sempre ardente per la famiglia, di tristezza unita alla speranza, di similitudini e metafore, di reminiscenze classiche e moderne, di rime e strofe che hanno il colorito e le forme di notevole efficacia, di scaltrezza tecnica.

Francesco Nigro Imperiale ha in sé una grande carica emotiva che si distende per la chiarezza delle immagini, per la voce ferma e soave, per il ritmo commosso del verso.

È l'uomo che ha versato lacrime amare per la morte del figlio «Gregorietto», dei genitori, della sorella Rosetta, e fa vibrare, nella poesia «Angeli...ieri...oggi», la sua sensibilità acuta e matura, per rendere il suo canto di portata e significato universali. La sua poesia s'incardina, appunto, sull'esperienza vissuta, sulla sincerità creativa (*Meminisse iuvabit*), sulla luce solare, e si nutre, come quella di tutti i veri poeti, di visioni del passato e del presente, di tenerezze e sospiri, di semplice e naturale voglia di vivere, perché dove vita c'è non esiste la morte.
Antonio D'Elia ha scritto:

«Tutta l'umanità viva e palpitante è ripresa in questo breve canzoniere, agile nelle sue movenze strofiche, accattivante nella ritmica pizzicata, come su una chitarra, in una alternanza di gioie-dolori (mai estratti dal calco retorico) e sempre rinnovati da Nigro Imperiale nel topos della grande lirica che lo ha educato».

Nel libro *Il cielo e tu...I segni della luce dall'altra dimensione* (Cosenza, Progetto Editoriale 2000), riportava le parole di Padre François Brune che lo raffonzavano nell'accettazione del volere divino:

«La realtà della sopravvivenza dopo la morte diventa ora un fatto scientifico. Si registrano le voci dei morti su nastro magnetico. Si captano in video le immagini dell'aldilà (...).

L'eternità, ben lontana dall'essere una credenza superata, diventa oggi una verità inconfutabile».

Francesco Nigro Imperiale aveva bisogno di amicizia, di consolazione, di luce, di ricostruire con l'amore e le visioni della natura il proprio mondo interiore e di sentirsi vivere nella primitività del dialetto e nel procedere verso prode d'incanto.

Mentre per alcuni suoi compagni di cordata il dialetto era uno strumento di rifiuto del processo di omologazione culturale e per altri il recupero di un mondo perduto, di un ritorno a un mitico «altrove» e di una condizione diversa da quella del tempo presente, per lui era rifiuto della convenzionalità del linguaggio corrente, poiché egli contava d'innalzare il dialetto da idioma delle cose quotidiane a strumento di introspezione e di canto dotato di dolce musicalità e di propria autonomia stilistica.

Alla radice della raccolta *Silenzi* (San Giovanni in Fiore, Pubblisfera, 2013) sono le immagini della poesia, che dona frenesia, e del rapido cammino della vita: *'na vulata è chìssa vita: / gir'a càpu, ed...è finita!*

Nel libro *Diapason*, pubblicato postumo dalla moglie, il tono del discorso si fa intensamente umano, gli affetti più cari hanno il profumo del «fiore di cielo» e sprazzi di autentico lirismo, la storia della sua nobile anima tocca la tastiera della vita e della morte.

La poesia «Ora...fra le tue radure di cielo», dedicata al padre Gregorio, che fu direttore didattico a Cosenza, erompe

da una viva fonte d'amore che s'inoltra nei territori di caccia e dei misteri di pace:

> ...Aurore fra i carrubi
> raccogliesti tu sudando le valli
> del Savùto, inerpicando gli ulivi
> a Piano Macchji di fattoria Venneri.
> ...Ora non sento più sere di mandolino
> con il canto di Shangai Lil, Vivere, Spazzacamino;
> né vedo la giumenta fulva e il nonno col mantello,
> né l'upupa sui rovi, sui mandorli in fiori.
> Ora sei ricordo buono;
> Sei messaggio di scuola;
> Sei voce di padre;
> lì...fra le tue radure di Cielo!

La trasposizione in dialetto del poema epico dell'*Eneide*, ul-
tima fatica di Virgilio e anche la sua, non rappresenta un
esercizio letterario rivolto all'indagine sociolinguistica, ma
un'ulteriore prova d'amore per il mondo classico e di fati-
cosa ascesa verso i più alti destini umani.

IL BORGO NELLA POESIA DI GIACOMO GUGLIEL-MELLI

Giacomo Guglielmelli, nato a Cosenza nel 1952, è autore di numerose pubblicazioni di poesia, di narrativa e di commedie in vernacolo. Egli crede fermamente nella validità della poesia religiosa, da cui trae vigore e conforto, parlando con purezza di cuore e di mente e levando preghiere di salvezza a Dio.

Sono da menzionare le opere poetiche di particolare successo: *Desiderio d'Assoluto* (Santelli, Mendicino, 1991); *Tenero e profondo* (1994); *Voci dal silenzio* (1995), *Un tempo per la coscienza* (2000); *La battaglia* (2002), tutte edite a Cosenza, che chiariscono la fedeltà a Dio e l'amore alla gente, che gioisce, lavora, soffre, e che sono indirizzate contro la negazione dei valori, che costituiscono patrimonio della spiritualità dell'uomo.

La raccolta *Al mattino Ti cerco.* (Provincia di Cosenza dei Frati Minori Cappuccini, 2005) mostra la dolcezza nel cuore del navigante, che scorgendo, dopo la procella e il buio, l'arcobaleno di lieta aurora, è sicuro dell'attracco. Non c'è pessimismo nei versi del Guglielmelli, che avanza, pur solcando il mare minaccioso, consolato da speranze immortali:

Quanto cammino!
E non son mai partito.
Quante persone!
E son rimasto solo.

Ma strade ancora tante
che partano dal cuore.
Voglio imboccarle tutte,
andare fino in fondo!

Non voglio più fermarmi
e ho tanto da cercare:
e non ci sia più notte
a rallentarmi il passo,

né la tempesta o il vento
che mi si ponga innanzi.
E quando avrò finito ogni energia,
sostienimi, Signore, e così sia.

Guglielmelli non si ferma alla desolante considerazione del male, ma seguita con intrepido linguaggio a intrecciare pensieri e sentimento:

Chiamalo Amore,
sebbene non s'hanno parole,
sebbene non si ha cosa da dire!

Chiamalo Amore
se il cuore ti canta nel petto,
e il cuore s'incanta alla luna!

Chiamalo Amore
e fallo volar dove vuole
e fa' che si stanchi di cielo!

Chiamalo Amore
e tingilo d'ogni colore
e dagli un bel sogno per padre!

Chiamalo Amore
e siine degno davvero
e siine sempre contento!

Chiamalo Amore
e tutti rispondano amore
e tutti ritrovino amore.

Questo è un inno d'Amore, pacato, fiducioso, radicato nell'entusiastica coscienza religiosa di Guglielmelli, per il quale è irrinunciabile e necessaria la preghiera, che si fa tersa poesia ed è il passo che conduce a Dio.
La vita ricomincia con la luce del mattino; bisogna svegliarsi e fare i conti con i problemi individuali e sociali, per attingere ogni consolazione e bene alla sorgente pura:

Dammi una luce che non si spenga,
colori che non si sbiadiscano,
sorrisi che non s'intristiscano.
Dammi un mare che non s'increspi,

una sorgente che rimanga pura
e forza per uscir dal fango!

Dammi un cuore senza confini,
una voce bella e possente,
una braccio che al cielo mi avvicini!

Dammi ginocchia che non si pieghino,
pietà per chi ha sbagliato,
amor che non si stanchi!

Fa' che mi svegli all'alba,
che mi riposi a notte
e pregna di speranza sia la sera!

Fa' che Ti veda ovunque,
dentro di me e davanti
ed io cercar più niente!

Nella silloge dialettale *Cosi 'i paisi* (Castrovillari, 2017), i temi e i personaggi dell'arte di Giacomo Guglielmelli sono tratteggiati con realismo e adeguati a un umorismo bonario. Il paese non è inteso soltanto come luogo fisico di residenza, ma anche come ambiente umano, con le sue vicende e gli usi e le tradizioni.
Questo piccolo mondo poetico rivela le qualità del talento di Guglielmelli, che riprende felicemente motivi e ritmi me-

trici che si compongono e accordano con propositi culturali, religiosi e antropologici nobilmente intesi.

Lo scopo del poeta è principalmente di mettere gli oggetti e
le persone in condizione di agire sul lettore, per renderlo
consapevole della realtà in cui è calato e per migliorarlo so-
cialmente.

Egli non ha nostalgia del tempo che fu, ma ha profondo interesse per la vita delle persone e per le cose di tutti i giorni
(il sole che nasce e tramonta, le nubi che passano), senza
rimpianti. Le presenze umane, che non sono rare, hanno un
fascino artisticamente percepito ed espresso.

In questo senso, la poetica di Guglielmelli va in direzione
contraria alla teoria di Benedetto Croce secondo cui l'arte
popolare «o non è arte o non è popolare». Al contrario,
Guglielmelli volge l'attenzione proprio verso il campo del
popolare e dei documenti umani, osservati con sguardo lu-
cido e appassionato.

L'elemento «visionario» riguarda anzitutto Altilia, un paese
della Valle del Savuto, dove si riscontrano due cose che non
fanno piacere: il fenomeno dello spopolamento e la chiac-
chiera malevola nella piazza:

> È chissa l'occasione
> ppi fari quattru risi,
> 'a sula occupazione
> ca offra su paisi.

Guglielmelli stimava a ben ragione il poeta dialettale Ferruccio Greco, la cui creatività non inclinava alla retorica, ma al divertimento, come provano i versi ispirati alla villeggiatura estiva e i quadretti in cui l'originalità della visione si manifestava mediante la vivacità delle tinte e il sorriso pieno d'ironia. Ecco l'omaggio di Guglielmelli al suo grande amico:

Comu facimu 'i ni scurdare 'i tia
quannu ni recitavi ogni poesia
comu cuntassi 'na rumanza antica
e di li risi ni facij crepari?...

A mia di tutte, mi piacìa sentire
chira ca cunta di la villeggiatura
ed ogni vota ca la recitavi
'u core si turnava a ricriare.

Tantu ni manca 'a faccia tua bonaria,
chiru sorrisu fattu a menza vucca
ca si ci piansu ancora mo lu viju
e vulissa ca fossi mianzu a nua.

Ma tu di cca nun ti nne si mai jutu
ca 'a vuci tua forte e chiara sona
e l'anima è cuntenta a ru pensieru
ca 'nzeme a nua tu rimani ancora.

La lira di Guglielmelli ha molte corde: una canta la vita d'ogni giorno, un'altra gli affetti familiari, un'altra il mangiare, un'altra ancora gli animali, le feste religiose, il tempo. Sempre presente è la nota paesistica, che si accentua nella lirica «Guarda la luna», dove la visione idillica del satellite naturale della Terra è il riflesso intimo di un sogno, che rende più intensa l'immagine riscintillante di romantica bellezza:

> Guarda ssa luna:
> è ra stessa di quannu
> era ancora guagliune!
>
> Para ca unn'è cangiatu
> di tannu propriu nente.
> E 'mbece quanta gente
> ch'avimu canusciutu,
> quant'acqua ch'è passata
> supra e sutta ssu jume!
>
> Eppure mo,
> quannu di notti 'a viju
> 'mienzu a 'ru cielu chiaru,
> mi para sempre beddra
> e mi s'allarga 'u core!

La moglie lavora in cucina e il marito l'aiuta, ma non sa fare due cose importanti: far partire la lavatrice e usare il ferro

da stiro; il nonno racconta la storia di Totonno, un vec-
chietto, che ha sposato il bella straniera e dopo sei mesi l'ha
lasciata vedova e benestante:

> Mo ssa signora gira intr'u paisi
> e tutti ca si scialanu di risi.

Il figlio disoccupato si alza tardi come uno stonato e con la
faccia tosta pretende i soldi per lo sballo, ma riceve dal padre una secca risposta:

> Ca ccu ssa crisi nira
> prima ca vena 'a guerra
> 'a cosa ca cchiù tira
> è curtivare 'a terra!

Altre figure umane oscillano nella vaghezza dell'evocazione
e negli ingranaggi di un mondo tapino, fatto di superstizio-
ni, d'influssi malefici, di iettatori e di fattucchiere, di pette-
golezzi. Nel variegato scenario del paese si susseguono pagine dedicate alla «ficuzza» (un tema caro a Michele De
Marco, noto con lo pseudonimo di Ciardullo), alla pitta
'mpigliata e ai turdilli (tipici dolci calabresi), alla vendem-
mia, all'incrocio dei passerotti, alle abitudini che cambiano
e alla richiesta di nuovi diritti:

> Ormai simu luntani
> di leggi di natura:

vivimu comu cani
dintra ssi quattro mura.

A San Francesco di Paola sono dedicate due poesie: quella
della partenza del fondatore dell'ordine dei Minimi, chiamato dal re francese che sperava di ottenere miracolosa-
mente il prolungamento della vita ma gli viene concesso di
salvare l'anima, e l'altra sul sant'uomo che scaraventa con
un calcio il diavolo tentatore dal ponte.
A Natale il suono delle zampogne crea una bella armonia e
il freddo invernale si fa più crudo per la mancanza di legna.
L'eclisse, il maltempo, l'apocalisse, il gallo che serve a inse-
minare le galline del pollaio, portano inevitabilmente verso
la macchietta, la comicità esteriore; tuttavia la considerazione dell'umana debolezza, misurata e senza toni forti, è interamente riuscita.
Il fare poetico di Giacomo Guglielmelli ha il suo punto di
partenza dalle cose paesane e umili, ma procede verso il
racconto in versi dei fatti veri e di soggetti che simboleggia-
no la voce dell'umanità:

È bellu quannu mienzu di l'estate
all'improvvisu chiova
e le petre di 'nterra su bagnate
e l'erba ch'era sicca si rinnova.

Cangiassa puru iu cumu ssu juornu,
cumu ss'erva ca canta di frischizza,

si mutassa a nna vota tuttu 'ntuornu
e mi truvassa adduvi c'è billizza!

Ma no di sordi vulissa cummigliatu,
ca puru chiri finiscianu 'ntra nenti,
ma di l'amuri 'i tuttu 'u vicinatu
e 'n pace ccu l'amici ed i parenti.

Aprimulu ssu core 'ncatinatu,
facimulu vulà ppi l'aria fina
cum'acieddru ch'avimu liberatu,
comu notte ca va vers'a matina!.

Quello di Guglielmelli non è un mondo estenuato, grigio,
né di languore crepuscolare, ma è il ritratto dei borghi calabresi, che hanno ancora aspetti interessanti da esibire, par-
ticolari curiosi che colpiscono, riflessioni divertenti e sapi-
de, immagini non caduche, sempre verdi come le foglie
pungenti del ginepro.

IL FASCINO ANTROPOLOGICO DI FRANCO CALO-MINO

La raccolta poetica *'Ntra Cusenza di na volta* (Cosenza, Edizioni Memoria, 2001) di Franco Calomino, alias Franchinu 'u funtanaru, contiene scene di vita reale, la commozione dei semplici affetti, il gusto pittorico per le cronache del passato e del presente, la psicologia popolare, l'attenzione agli animali (Boileau, appellato l'Orazio francese, diceva che «l'uomo è fra gli animali il più sciocco»), un ampio affresco di tipi e di colorazione umoristica.

Franco Calomino, nato a Cosenza nel 1949, docente universitario di ingegneria idraulica, fa parlare un suo compagno di scuola diventato fontaniere, che svela la realtà cittadina e mescola nei versi dialettali ingenuità e acume, conoscenza e scatto generoso, fascino antropologico ed echi del tempo che fu o che passa e non si può arrestare nemmeno con l'incantesimo.

L'autore della silloge è consapevole che le sole regole stilistiche non bastano a fare un'opera significativa, cara e divulgativa, specchio della mentalità anestetizzata e angustiata da problemi, da difficoltà da risolvere e da alcuni aspetti negativi, che tuttavia non hanno accensioni drammatiche.

L'ironia non spegne in lui il gusto della bellezza, ma lo alimenta ispirandogli componimenti in cui confluiscono momenti della privata e pubblica vita, fonte principale di un realismo poetico minuto e colorito.

Semplici fatti si svolgono tra Cosenza e la vicina campagna, e i loro protagonisti formano il campionario legato a un sorprendente dialetto che si oppone alla lingua ufficiale. La matta, chiamata «ciota», che scavalca la balconata e se la ride per avere seminato il panico, Don Ciccillu Cannataro, uomo geloso con il fucile a tracolla, Carmela la Paolana, donna di mestiere che fa voto di non soddisfare più le voglie di un ottantenne, mastro Ignazio, il sarto che crede di essersi arricchito con titoli di Stato fuori corso rinvenuti in un cappotto, l'ingordo che finirà come un maiale «sotto sale», i panzerotti, i «cullurielli» di Francesco di Paola, che attraversa lo stretto di Messina sul mantello e alla folla accorsa ad assistere alla miracolosa traversata dona quegli impasti «belli asciutti» cucinati da zia Sara, la buona «frittuliata» e il banchetto che si dà dopo il macellamento del maiale, le gite nei boschi di Acri e di Luzzi, dove la brigata di buontemponi mangia a crepapelle pasta piena e melanzane e poi lascia sul prato tutti i rifiuti, lo spettacolo indecoroso di Mazza il ragioniere rimasto incassato nel bidè e soccorso dal fontaniere, Franchino che si mette a letto come fa la talpa, il calzolaio che lascia due puntine dolorose nella scarpa dell'avvocato: ecco il microcosmo cittadino da lui sottoposto a ironia bonaria, che coglie nel segno.

Nelle rime si riconosce la fantasia del poeta, che non è sbrigliata ma suggestiva e sufficiente a creare agli occhi del lettore immagini di Cosenza che non c'è più e che non è più interpretata nostalgicamente, ma con sensi di comprensione e d'umanità che si accompagnano ai sorrisetti e alle amenità in un quadro fedele, sebbene naturalmente caricato, dell'esistenza dei cosentini e degli abitanti dei casali, la cui mentalità è irrisa da Franco Calomino senza punte di cinismo e nel desiderio di un progresso civile e di un'umanità migliore.

La vena poetica di Franco Calomino scorre nel libro *Stromboli* (Edizioni Memoria, 2007), dove le immagini dell'isola d'origine vulcanica del mar Tirreno risplende come una passione antica che non si spegne.

> …Tu, patrùna di l'unne e d'i vurcani
> regina d'u marinu continenti
> ca riegni supr'i cieli cchiù luntani
>
> e ccghiù luntana si', cchiù si' splendenti.
> Quannu ti guardu m'arricuordu ancora
> 'i na passiuni antica can nun mora.

[«Tu padrona delle onde e dei vulcani, regina del marino continente che regni sui cieli più lontani / e più lontana sei, più risplendi. Quando ti guardo mi ricordo ancora di una passione antica che non muore»].

Qui il canto misurato e controllato non necessita di commenti né di ausilio alla lettura: trasparente com'è nei temi e negli accenti. Gli sci di fondo a Macchia Sacra nella Sila innevata, il pesce lucente che striscia sulla sabbia del mare, l'otto marzo festa della donna che appare con la faccia dentro una mimosa, la notte d'incanto e di lettura degli «ultimi versi amorosi, che sono semplici e sinceri» come il ciclamino, le pedalate in bicicletta lungo la salita di Monte Cocuzzo, l'abbraccio della «stanca mountain bike» nell'erba del bosco «ancora molle di rugiada», il mazzetto di lettere scritte dalla madre e le foto giallastre del padre - in divisa cachi e con le ossa puntute - che rimase prigioniero degli inglesi a Bombay per cinque anni, la muffa sui vecchi muri del vicolo che odora «di una stagione ch'è passata», la marina, la cometa, la salita della Crocetta da cui si vede scintillare il mare di Paola, la notte del solstizio, Scilla che sta nel mare come un'isola, la fine dell'estate, la ragazza simile alla rosa con i petali di carne, l'improvviso amore in una notte di settembre, l'addio malinconico, il silenzio profondo rotto da un uccello che chiama la compagna, la fanciulla dagli occhi blu, le parole che non sono flatus vocis ma «gioielli del ricordo»: ecco alcuni motivi della lirica di Franco Calomino, che comunica esperienza, colori, verità e sentimenti ricamati sopra un tessuto essenzialmente autobiografico.

Nel sonetto «Sirene», egli si colloca sopra un'isola di sogno per ascoltare la voce delle sirene che fa smaniare e incantare i marinai:

> Llà ci passu 'a jurnata sinca a quannu
>   arrivi tu, ccu l'uocchi di sirene
>   e ccu tia dintr' u mari vaju natannu
>
> lassannumi luntanu 'mbrogli e pene,

ppe ni tèna ccu 'a manu dintr'a manu
e ni perda 'ntr'u mari cchiù luntanu.

«Là ci passo la giornata fino a quando arrivi tu, con gli occhi di sirene e con te dentro il mare vado nuotando / la-
sciandomi lontano imbrogli e pene, per tenerci con la mano
nella mano e perderci dentro il mare più lontano».

La realtà del sogno sostituisce progressivamente la realtà
dei fatti, e la poesia di questo novello Ulisse rifluisce leggera
e trasparente, assorbita da modi semplici e naturali, espressione di gusto e di sottile sensibilità.
Uno spaccato di vita attuale si scopre dentro il libro poetico
'Ntra Cusenza 'i tiempi 'i mò (Castrolibero, Memoria,
2009), dove l'accumulo dei fatti e dei dettagli precisi subi-
sce il fascino dell'elegia, dopo i momenti satirici e lirici delle due precedenti raccolte. I versi endecasillabi e settenari,
freschi «come una viola», hanno immediatezza espressiva,
che si ravvisa con più facilità nel sonetto caudato: «I juorni
d'a tortora», che lancia un canto lamentoso al di sopra degli
alberi, mentre due innamorati stanno ad ascoltare per delle
ore:

...Nu cantu ca restava dintra all'aria
cumu a nu luongu chiantu scunsulatu,
cantava di l'amuri di na tortora,

d'a gioia di nu tiempu ch'è passatu

e ch'ha lassatu sulu una tristezza.
Ma tu stavi cu mmia chjina 'i bellezza.

«Un canto che restava dentro l'aria come un lungo pianto
sconsolato, cantava dell'amore di una tortora, / della gioia
di un tempo che è passato e che ha lasciato solo una tristezza. Ma stavi con me piena di bellezza».

Riflessioni familiari e personaggi (il pervertito professore di
latino, la moglie durante un viaggetto a Lipari, il genero
dentista, Mariano che finisce con l'automobile in un burro-
ne di Cerisano, il bellissimo nipotino, il presidente Catanzaroti, il vinaio Francesco Bozzo, papà Peppe, Gaetano pro-
prietario di una seicento), ai quali non è concessa una frat-
tura fra vicende e descrizione, non sono congelati nel passato, ma si trasformano in ritratti nitidi che risentono battere i
palpiti del cuore.
Una freschissima poesia della natura è «L'uortu abbannunatu», nata dall'ardente ispirazione del fontaniere, poeta di
dolci e miti affetti, che assume un atteggiamento di viva malinconia quando le cose belle sono destinate al tramonto:

C'è nu profumu 'i zagara
'ntra l'uortu abbannunatu,
addui sténnanu i niespuli
i rami 'ntra l'aranci.
Papà Luigginu è muortu
com'oji ca fa cinc'anni

e mò servaggia criscia
l'urtica dintra all'uortu.
Ddrà dintra m'arricuordu
'ntra nu ricurdu vagu,
i na sipàla virdi
ccu chiante rampicanti
e juri ca scinnìanu
i muri muri, jianchi.
E 'u giallu d'i limuni
brillava ddrà ppe mia
'u misi 'i marzu ancora
i juorni ca chiuvìa.
Ma mò l'urtica criscia
mmisc-cata 'ntr'u giardinu
ccu 'a rosa, cc'u geraniu
e ccu ru petrusinu.

«C'è un profumo di zagara dentro l'orto abbandonato, dove stendono i nespoli i rami dentro gli aranci. Papà Luigino è morto cinque anni fa e adesso selvaggia cresce l'ortica dentro l'orto. Là dentro mi ricordo, in un ricordo vago, di una siepe verde con piante rampicanti e fiori che scendevano lungo i muri, bianchi. E il giallo dei limoni brillava là per me il mese di marzo ancora i giorni che pioveva. Ma ora l'ortica cresce mischiata dentro il giardino con la rosa, con il geranio e il prezzemolo».

È una bellissima poesia che nell'atto creativo muta il pensiero e le sensazioni non solo in suoni o in chiara vibrazione ma in costruttive forme plastiche.

Franco Calomino ha uno spirito nobile ed è capace di dare voce a situazioni diverse e a sentimenti degni della migliore musa dialettale calabrese.

Nella raccolta *'Ntra Cusenza n'atra vota* (Cosenza, Ed. Bios, 2015), Franchinu 'u Funtanaru sceglie la satira politica, con la quale rivela di non essere a corto di forza poetica, come sottolineano gli apprezzamenti ricevuti da illustri critici per l'uso del dialetto come «fonte ristoratrice» della lingua italiana (Francesco Nigro Imperiale), per il recupero di un vissuto da lui comunicato «con singolare afflato critico» (Franco Del Buono), per l'amore verso le piccole cose e per i dettagli significativi che si elevano «al rango di poesia rivestita di metrica e di accenti (Attilio Romano), per il lessico «dall'efficacia immediata e pregnante» (Mario Iazzolino).

Nella prima sezione di «Malapolitica», egli attacca con la lancia dalla punta avvelenata il presidente Catanzaroti, che discende dallo scimpanzé, perché se ne infischia della buona gente. Nel componimento «L'anello mancante» - dove non il presidente ma i «primati» sono considerati i più evoluti del regno animale - il registro ironico è accentuato dalla scelta formale di sberleffi e parolacce. Nella condanna della libidine e del contratto che il presidente della nazione ha steso con gli Italiani, Franchinu si rivela scrittore morale con lucida chiarezza di idee e genuina comicità.

Mario Iazzolino scrive nella prefazione alla plaquette:

«È l'anima del popolo, infatti, che si ribella attraverso il suo verso: il linguaggio più schietto prende il sopravvento, si rivolta contro abusi e soprusi con l'efficacia di espressioni al limite del volgare».

Nella seconda sezione, «'Ntra Cusenza n'atra vota», che dà il titolo all'opera, sono messi a fuoco i problemi amministrativi della nuova Cosenza, con le pericolose buche delle strade, con l'erbetta messa sull'asfalto e trascinata via nel fiume in una nottata di tempesta, con i rifiuti lasciati nella piazza principale dopo Capodanno (a onore del vero ora ampliata e rimessa a nuovo), con le vetrate della Piazzetta Toscano ridotta a una specie di riparo sugli antichi muri romani (dove i cani sono portati a orinare), le polpette di gatto, che suscitano una ripugnanza istintiva e violenta, costringendo il poeta a spunti di comicità, a espressioni realistiche di derivazione plebea, a toni crudi e acri, a versi duri e taglienti.
Allontanandosi dalla politica e dalle contingenze pratiche, Franchinu orienta la fantasia verso contenuti scherzosi e familiari e verso un'autobiografia poetica intimistica.
Nella sezione «Fatti d'i mia», Lorenzuccio, il nipotino che piange a dirotto perché il nido fra i gerani è rimasto vuoto; i morsi e i baci profusi sul collo della donna innamorata «più fresco di un orciolo» (*'i na lanceddra*), l'anziana Donna Francesca che vede in sogno la Madonna e le chiede altri sette anni di vita ma riceve la grazia di campare un anno

soltanto, le virtù note del vino novello, sono rappresentazioni vive, che rivelano un fondo umano incontaminato,
portato sulle soglie della lirica introspettiva.
Le doti di grazia e di canora voce dell'innamorato riecheg-
giano nelle quartine di Meteoropatia:

«S'è misu a chiova e un vò scampari cchiù
- a meteropatia mi strada l'anima -.
Fora c'è neglia, a ra muntagna nìvica
'u soli manca e manchi puru tu.

Però supr'a sa spiaggia tutta 'mpusa
cum'era bellu 'u tiempu l'atra 'state
'ntra certe luminose matinate
quannu ccu mia ci passiavi tu.

I varche capusutta supr'a riva
facìanu di rifugiu ppe l'amanti
e quanti vasi n'amu dati, quanti,
e cchi luci 'ntra l'uocchi ca avìi tu!

Sutt'a na varca stannunni ammucciati
a pelle tua com'era liscia e fina,
mentri abbrazzati ni quadiava 'a rina
ca mò s'è 'mpusa e nun quadìa cchiù.

Vulimu dì ch'è meteoropatia?
Mi para ca di 'ntuornu tuttu chiangia

e piensu ca su tiempu, si nun cangia,
mi struda l'anima e 'un mi fa rida cchiù.

«S'è messo a piovere e non la vuole smettere più - la meteoropatia mi consuma l'anima -. Fuori c'è nebbia, in montagna nevica, il sole manca e manchi pure tu. // Però su questa spiaggia tutta bagnata com'era bello il tempo l'estate scorsa, in certe luminose mattinate, quando tu ci passeggiavi insieme a me. // Le barche capovolte sulla riva facevano da rifugio per gli amanti, e quanti baci ci siamo dati, quanti, e che luce negli occhi avevi tu! // Mentre stavamo nascosti sotto una barca, com'era liscia e fine la tua pelle, mentre abbracciati ci riscaldava la sabbia che ora è bagnata e non riscalda più. // Vogliamo dire ch'è meteoropatia? Mi pare che intorno tutto piange e penso che questo tempo, se non cambia, mi consuma l'anima e non mi fa ridere più».

Il lampo delle invenzioni poetiche cade sopra 'A barca 'i Zuara, 'U fascinu, 'U funerali d'u mia, Tartarughe a Cittadella, che hanno accenti sinceri e ravvivano la felicità delle pennellate della quarta sezione «Ppe finiscia in allegria», dove Franchinu dedica il calore del suo sentimento all'amicizia, che è molto bella se gli amici sono fidati, e sa come fare per piacere al suo pubblico.
Franchinu 'u Funtanaro, ovvero Franco Calomino, è così riuscito a rinnovare la docile musa conservando la vena satirica, la tenerezza affettiva, lo scandaglio del suo mondo, scrivendo in dialetto cosentino le cose e le situazioni poeti-

che in modo che valgano anche per coloro che parlano una lingua diversa.

POETI DIALETTALI CONTEMPORANEI

In facebook del 6 maggio 2017 è stata riportata da *Calabria di ieri e di oggi*, un giornale di tutto rispetto, la seguente sentenza: «Parlare il dialetto non è maleducazione, ma un'*arte*... Il dialetto fa parte della nostra cultura e va salvaguardato. Il dialetto è amore per le nostre origini».

Ciò è vero solo in parte e perciò devo chiarire che non sono *contrario* al dialetto, ma sono *contrariato* dal fatto che in generale la lingua dialettale dei poeti calabresi - dal Novecento fino ai nostri giorni - non contribuisce al risveglio della vita culturale della regione né riesce a collaborare con la *poesia*, la quale diventa *arte* quando il talento è creativo e quando coglie il senso del nuovo o si addentra decisamente nel futuro.

Angela Costanzo ci dà una bella descrizione della poesia «come intuizione, come voce dell'anima, come impegno di cultura e respiro che da *personale* diviene *universale*.

Ecco cosa distingue il dilettante facitore di versi dal *vero poeta*, che è colui il quale riesce a trasporre in arte un forte sentire, una reale esigenza dello spirito, una maturità civile e sociale».

Il discorso però cambia nel considerare che oggi molti poeti dialettali corrono il rischio di disperdersi nella nostalgia regressiva e tormentosa dei tempi che furono (*le temps perdu*), nel provincialismo, nel piagnisteo, nella violenza verbale, dissacrante e protestataria, nei luoghi comuni. Al poeta dialettale si richiede oggi di rappresentare piuttosto che una provincia, una *totale visione del mondo*. Di qui l'esclusione dei poeti dialettali calabresi dalle più accreditate storie e antologie della letteratura italiana, poiché nella maggior parte dei testi poetici dialettali calabresi contemporanei mancano livelli espressivi più profondi davanti al mondo che si trasforma velocemente e davanti alla verità, che richiede autenticità di *sentimenti* e *fantasia*, cioè *arte* e *poesia*, che hanno un «peso specifico» superiore a quello degli altri linguaggi.

Il dialetto ha certamente dignità di lingua, anche se riguarda una ristretta e determinata area geografica. Ma il dialetto di per sé non è una lingua più fresca o più poetica di quella ufficiale, nazionale o estera, specialmente se il dialetto è maneggiato in modo inerte o viene trasferito di peso nel testo letterario a *garanzia* di poeticità. La scelta del dialetto si è finora configurata piuttosto come soluzione alternativa alla comunicazione-espressione in lingua nazionale, anziché come rispondenza a esigenze esclusivamente *artistico-letterarie*. Il problema non è quindi quello dell'uso della lingua dialettale o nazionale o straniera ma è del *fare poesia*, passando cioè dal piano *linguistico* a quello *estetico*, vale a dire dalla funzione *strumentale* del dialetto al *primato* della bellezza e dell'arte, che devono anzitutto e sempre rispondere a esigenze di espressione e rappresentazione anche quando si manifestino nel segreto dello spirito.

Quello che conta maggiormente è la testimonianza delle *qualità* autentiche ed elevate del poeta nella radicata convinzione che *poesia e arte* non sono inutile passatempo ma *momenti centrali* della vita dell'uomo. La poesia non muore mai, anzi assume un ruolo decisivo nel corso degli eventi, poiché contribuisce a fare del *valore estetico* un valore *esistenziale* e a ridare alla vita dell'uomo una ragione e una speranza. L'arte può salvare il mondo e, per farlo, deve mettersi fuori dal tempo, guardare ai valori primari e assoluti per raggiungere l'*universalità*.

Il problema dei poeti della *linea dialettale* non è *linguistico* ma *estetico*, che comporta di uscire dalla lamentazione e dall'immobilismo andando incontro e aprendosi alla vera *poesia*. Esistono molteplici modi di concepire la *poesia*, che non è soltanto la «tecnica» di comporre versi e neppure una raffinata partitura musicale, ritmica e fonica, ma è soprattutto *arte* che si libera dal linguaggio che ha toni retorici e disusati e dai temi troppo scontati e si carica invece di preziosa *forza immaginativa* e d'*inesausta inventiva*.

Il mosaico della letteratura dialettale calabrese non è monocromatico ma fatto di tessere che si alternano: alcune sono più sbiadite e le altre più splendenti perché mirano alla bellezza dell'insieme. Spetta a ciascun poeta avvalersi del dono della *creatività* per osare il salto qualitativo verso l'originalità dei componimenti e verso la *validità poetica* consegnata al progresso morale e civile. Nella letteratura dialettale contemporanea, il dialetto calabrese raccoglie maggiori risultati nelle opere di poeti che gettano le basi dell'immagine della Calabria attuale e che con le loro esperienze contribuiscono a migliorare la vita culturale della regione e a dare nel contempo compiutezza espressiva alle visioni, al profondo sentire, alla purezza delle proprie ragioni. Ecco alcuni esempi tratti dal mio libro: "Poeti dialettali di Calabria dal Novecento a oggi", Cosenza, Doxa Editrice, 2014.

Luigi Algieri di Acri, emigrato a Parigi, laureatosi alla Sorbona, fa leva su affetti familiari, su un sottile umorismo, su immagini vive. Il suo linguaggio lirico si prende la rivincita sulla fede nel reale e non di rado s'intride di originalità incancellabile. Le sue *Poesielle* rappresentano un lavoro ricco di umori, di continue accensioni, d'insorgenze scherzose e beffarde. Il suo *Black-aut* è poesia di schietto sapore popolare e di polemiche e frizzanti allusioni a personaggi, animali e fatti acresi, che raccontano la vita quotidiana e rivelano lo sguardo e il volto di un autore non privo di fascino, di sensibilità e di coscienza artistica.

Franco Araniti incardina la sua poesia dialettale (ma usa anche il gergo «ammascante» del calderaio di Dipignano) nella base di un'autenticità strutturale e di un'etica libertaria. Nel racconto del depauperamento sociale, dell'attività mafiosa e dei danni del terremoto, la sua parola non si fa piagnisteo ma forza di resistenza e di opposizione. In conflitto con i miti del neocapitalismo e della globalizzazione, egli marca l'umano-disumano del presente invocando soccorso alla poesia, che gli risponde con lo sguardo di «generosa amante».

Libero Battaglia ha rievocato i costumi antichi, i profumi della sua terra, le donne avvenenti con un gusto sensuale «nel brivido dell'età avanzata».

Gino Bloise narrò in versi le liti paesane e le discordie che finivano a coltellate. Da senatore della Repubblica incitava il popolo lavoratore a risollevarsi perché nella vita non si vive «di rendita ma di lotta». Pietro Butitta osservava che la poesia di Bloise reagiva contro la cultura dominante riprendendo o rendendo attive le tradizioni popolari e dando il primato non tanto alla letteratura, quanto alle ragioni dell'uomo contro tutte le oppressioni».

Vittorio Butera prima cantò, poi raccontò e infine ritornò con la sua vena inesauribile a fare «satira al vetriolo» dei furfanti e dei rozzi costumi. Umberto Bosco scrisse che il punto di partenza di Butera fu Trilussa; ma il poeta romanesco gli additò la via, che poi il calabrese percorse con mezzi suoi, giungendo «a risultati suoi propri». Butera creò un *favolismo* attraente, popolaresco, senza tortuosità, mescolato all'apologo morale di facile comprensione con una lingua dialettale sobria e sculpente.

Maria Chiappetta volse, con esemplare visione lirica e commossa fantasia, gli aneliti in sorrisi e bilanciò le liete determinazioni autobiografiche con il senso della vita ora amaro e ora ammiccante. La poesia di suo padre, *Antonio Chiappetta*, con il testo popolare di *Jugale*, puntò l'arma vincente della polemica contro il malcostume e la dominante dabbenaggine.

Pasquale Creazzo s'immedesimò con il mondo contadino utilizzando il dialetto come mezzo di sarcasmo piuttosto che di miglioramento sociale. Contro la società illiberale e maschilista chiamò alla mobilitazione le donne; ma la contrapposizione tra le classi e quella di genere, simboleggiate nella zappa che produce e nella sciabola che semina guerre, rimase irrisolta. La sua poesia, concepita nella sezione del partito, divenne strumento e motivo di propaganda, piena di risentimento e d'ironia, di attese e contraddizioni.

Ciccio De Marco, intellettuale della diaspora, ha creato il personaggio di Rosarbino, cioè il Calandrino di turno, prototipo boccaccesco di credulità e beffe, che rappresenta il sovvertimento dei valori razionali e di progresso.

Michele De Marco detto *Ciardullo*, padre di Ciccio, riuscì a fondere i motivi del mondo interiore con quelli delle penose condizioni di vita calabrese, alle quali seppe opporre la speranza di riscatto. Il critico letterario Antonio Piromalli scrisse che Michele De Marco, durante il fascismo, accentuò i motivi della satira politica e invitò i calabresi a gettare la soma, mentre Giovanni Sapia ne inquadrò storicamente i componimenti poetici, corrispondenti a un'esperienza di povertà materiale e d'illibertà politica, «tradotte in arte con creazioni di caratteri e di stati d'animo individuali».

Ciccio De Rose adatta il dialetto cosentino alle problematiche della società attuale rintracciando un'alternanza tra l'amarezza e il sorriso, la mente e il cuore, la sensualità e la coscienza, la riflessione sul progresso che disumanizza e la meditata analisi antropologica e politica. La sua poesia s'innerva in una trama di vita sempre varia e dolente e in una sorta di tragicommedia. Considerato come il «fabbro del parlar materno», egli ritorna alle origini e all'invenzione di parole, di costrutti e suoni, per defilarsi dal capriccioso crogiolo delle poetiche colorite ma inautentiche e per rendere tangibile un sogno estetico sulla scena quotidiana dove il cuore del poeta-commediografo non è una stella spenta. È da evidenziare che Ciccio De Rose segue un sicuro cammino artistico, in cui si riaffacciano i drammi dell'esistenza, passando per il filtro del comico e del sorriso sottile e impietoso, per gettare radici nel vivo della cultura del passato e del presente e per descrivere figure e situazioni sentimentali e psicologiche rintracciabili in un linguaggio personalmente significante.

Rocco Docimo aprì le braccia alla vita e adoperò il dialetto come una risorsa per prendere consapevolezza dei valori duraturi e come un patrimonio da non dilapidare. La sua propensione era nell'adoperarsi per il bene della sua comunità. Tematiche e stilemi offrono, dietro l'adesione alle cose antiche, nuove inquietudini e realtà esistenziali. Nei suoi versi, lo stato d'animo trascorreva dal mito alla coscienza, dallo spazio di libertà all'integrazione nella natura, dalla leggenda all'interpretazione dei problemi d'una società che non riesce a prendere atto della mancanza d'ideali. Nella sua lirica esprime rimpianto e malinconia, ammirazione per il paesaggio e desiderio di abbracciare nuovi orizzonti dove la vita non è intesa come insuperabile solitudine né come rinuncia, ma come atto d'amore e offerta di fede. Non è difficile stabilire che l'ispirazione di Rocco Docimo proveniva da un'effettiva commozione dello spirito e dal fascino della donna rosetana, che si tramutano in momenti di grazia concessi da un'arte illuminata e riscaldata dalla fiamma del genere lirico.

Giovanni Funari, nella raccolta antologica «'Na vota c'era. Poesie calabresi», annota che pochi riescono a leggere e a scrivere in dialetto e che egli ha sempre guardato la vita «con speranza, ottimismo, lealtà, amore». Pertanto gli argomenti, i fatti e le figure non sono concepiti a freddo e il suo canto raggiunge una resa efficace quando s'infiamma di sentimenti nobilissimi e si libera dal peso cronachistico per farsi materia di poesia.

Pierino Gabriele lavorò un quarto di secolo all'estero e fece un lungo percorso pittorico e poetico, intenso e soddisfacente, che gli permise di sognare e vivere in un orizzonte di fiducia e di positività.

Franco Galiano è cantore di «strabordante sensualità», di quadri colorati con compostezza e di meravigliosi arabeschi di parole. Nella visione della vita ora angosciante e ora divertita, egli reclama un ideale di fratellanza e un linguaggio, popolare e insieme colto, indissolubile dalla creazione poetica.

Giuseppe Gallo s'interroga sulla dignità umana e sul destino sociale mettendo in luce gli effetti di una politica praticata da imbroglioni corrotti e senza scrupoli. In fondo al suo cuore, il giorno si colora appena di fresche vele e la sua orgogliosa dignità emerge, senza le prone liturgie, attraverso la lotta continua alle sinistre maschere di figuri e contro gli avvilenti compromessi.

Francesco Raffaele Gervasi regalò momenti di tenerezza e di commozione col suo registro cangiante, che dal disegnativo andava verso il figurato e dal vero trapassava all'onirico. Pino Veltri, poeta e giornalista, testimoniava che Gervasi, suo cognato, aveva dato alle stampe i componimenti «dopo circa cinquant'anni di gestazione», sia per raccontare squarci del vissuto, quindi pensieri, ricordi, sentimenti, stati d'animo, il dolore per la morte del figlio, sia per recuperare la gioia dell'arte, cui Gervasi affidò il compito di fare risplendere l'onda delle memorie perdute attraverso il passaggio dal vero alla fantasia.

Ferruccio Greco spinse lo sguardo oltre il campanile e assicurò al dialetto forma e contenuti ispirati alla vita. Ricorse a forme metriche tradizionali e fece buon uso dell'ironia scendendo in lizza contro la società dei consumi e alleggerendo le disavventure quotidiane con accenti misurati e divertiti, come nel racconto in versi del ritorno a casa dalla villeggiatura. I suoi componimenti costituivano un pezzo importante della sua storia e della sua scrittura creativa, riconducibili a una disposizione affettiva e a un pensiero critico declinato in forme popolari, semplici e martellanti.

Settimio Mazzarone chiese alla poesia l'ausilio per tuffarsi negli impareggiabili scenari naturali e umani. Attraverso la poesia espresse il bisogno di accordare la voce personale con quella della società e d'infiammarsi d'amore religioso. Le parole poetiche, che concedono spazio ai moti dell'animo e alla profondità del pensiero, sono prive di astrattezza e rispecchiano il suo atteggiamento morale, con il quale reagiva alla società del malessere, ma che illegittimamente si diceva società del benessere, ed esplorava affettuosamente il mondo degli umili e dei guitti, che non può deludere.

Raffaele Proto, che protestava la sincerità del suo animo e la sensibilità irta di tormenti e di pascoliano stupore, cercò invano una spiegazione all'angoscia e alle traversie della vita; la sua poesia fu violentemente interrotta dal suicidio.

Mariano Salerno, consapevole della dura esperienza di vita, cercò conforto nella poesia e nella fiaba. Si affollavano alla sua mente le memorie di un tempo felice, i sogni amorosi al chiaro di luna, la commozione a stento trattenuta, le cose guardate con curiosità mista a sottili punte di tristezza e il pensiero della morte senza accenti di disperazione. La sua «Ninna nanna» fu tradotta in francese da Maria Brandon Albini, nel libro «Calabre», trasportata dalla nenia fuori dell'asprezza quotidiana.

Luigi Scarpelli ascoltò gli echi del dolore e degli affanni e, saccheggiando la memoria, tenne una «lezione di umanità» rispettosa dei canoni di eleganza e semplicità. Il nucleo poetico e il fascino particolare della sua opera non stanno nella concezione pessimistica dell'esistenza, ma nell'atmosfera arcana, inquieta, che illumina ritratti umani e paesaggi nel gioco sottile di cadenze musicali.

Mario Sergio ha usato il dialetto come recupero di un mondo al tramonto e, soprattutto, come memoria per riscoprire le sue potenzialità e le bellezze calabresi.

Giuliana Vanni affonda le radici delle sue emozioni in una sostanza lirica autobiografica e in una riflessione dei mali sociali. Nei suoi versi rivivono i ricordi piacevoli e le note di un canto, che si diffonde nell'aria in una notte estiva e senza vento.

Gregorio Viglialoro si muove in una sfera d'interessi varia ed estesa nel portare avanti, con voce poetica, un disegno di giustizia sociale, mentre dintorno pullula un mondo di oziosi e scialacquatori. Nei suoi componimenti prendono risalto persone e immagini colorite o spente, consuete o inusitate, affannate o inquiete, che s'ammantano di un senso di autentica partecipazione e d'una dose feconda di causticità espressiva.

BIBLIOGRAFIA

1. A. GIGLIOTTI (a cura), *Scrittori calabresi*, Cosenza, Mit, Ottobre 1951, nn. 8-9.

2. G. CASALINUOVO, *La poesia di Michele Pane*, in «Scrittori Calabresi», a. VI (1954), n. 4.

3. R. DI BELLA, *La poesia dialettale in Calabria*, Firenze, 1959.

4. P. CRUPI, *Letteratura calabrese contemporanea*, Firenze-Messina, 1972.

5. S. GAMBINO, *Antologia della poesia calabrese dalle origini ai nostri giorni*, Catanzaro, 1977.

6. AA. VV., *Decollatura e Motta Santa Lucia. Due comunità del Reventino*, Decollatura, 1980.

7. M. GALLO, *Don Luigi Costanzo e i suoi tempi*, Decollatura, 1985.

8. G. FALCONE - A. PIROMALLI, *Poesie di Michele Pane*, Soveria Mannelli, 1987.

9. T. GUZZO, *L'umanesimo nella poesia di Butera, Mastroianni e Pane*, in «Gazzetta del Sud», 27 gennaio 1988.

10. G. NERI, *Pavese al confino*, Lamezia Terme, Cultura Calabrese, 1989.

11. A. FURFARO, *La Calabria di Pasolini*, Cosenza, 1990.

12. L. REINA, *Poesia e Regione. Un secolo di poesia in Calabria*, Salerno, 1991.

13. A. D. CHIARELLO, *Poesie ritrovate e l'Epodo oraziano secondo Michele Pane*, Cosenza, 2010.

Indice